新时期英语教学与翻译理论研究

杨美君　著

中国原子能出版社

图书在版编目（CIP）数据

新时期英语教学与翻译理论研究 / 杨美君著. -- 北京 : 中国原子能出版社, 2021.9
ISBN 978-7-5221-1603-7

Ⅰ. ①新… Ⅱ. ①杨… Ⅲ. ①英语－教学研究－高等学校 Ⅳ. ① H319.3

中国版本图书馆 CIP 数据核字 (2021) 第 195651 号

新时期英语教学与翻译理论研究

出版发行 中国原子能出版社（北京市海淀区阜成路 43 号 100048）
策划编辑 杨晓宇
责任印刷 赵 明
装帧设计 王 斌
印　　刷 天津和萱印刷有限公司
经　　销 全国新华书店
开　　本 787㎜×1092㎜ 1/16
印　　张 11.125
字　　数 206 千字
版　　次 2022 年 1 月第 1 版
印　　次 2022 年 1 月第 1 次印刷
标准书号 ISBN 978-7-5221-1603-7　　**定 价** 68.00 元

网 址: http//www.aep.com.cn　　**E-mail:** atomep123@126.com
发行电话: 010-68452845

前 言

进入21世纪以来，英语作为一个国际通用语言，已成为国际社会广泛采用的交流工具，越来越多的人将它作为第二语言或外语进行学习和使用。中国已全面融入经济全球化、知识信息化的浪潮，并且在以和平与发展为时代特征的地球村中扮演着越来越重要的角色。随着我国与国外经济、文化等方面交流的增多，对外语人才的数量、质量、层次和种类提出了更高的要求。伴随科学技术和全球化的进一步发展，英语的重要性无疑会更加凸显。

全书共七章。第一章为绪论，主要阐述了英语教学的对象、英语教学的文化差异、英语教学的基本思路、新时期的翻译教学思想等内容；第二章为中西翻译理论的发展历程，主要阐述了中国翻译理论的发展历程和西方翻译理论的发展历程等内容；第三章为英语教学与翻译的关系梳理，主要阐述了英语教学的最终目的——翻译与交流、翻译的前提与基础——英语教学等内容；第四章为英语教学中的翻译教学探讨，主要阐述了英语翻译教学的现状、英语翻译教学的原则与方法以及新时期英语翻译教学的模式等内容；第五章为中西语言思维与英语教学差异，主要阐述了中西语言思维方式的差异、中西英语教学风格的差异、中西语言思维差异对英语教学的启示等内容；第六章为中西文化与英语翻译差异，主要阐述了中西文化的渊源与差异和中西文化差异对翻译的影响等内容；第七章为翻译理论基础下的英语翻译教学实践，主要阐述了翻译理论在英语翻译教学中的重要性、功能翻译基础下的英语翻译教学实践、关联理论基础下的英语翻译教学实践、情景认知理论基础下的英语翻译教学实践等内容。

为了确保研究内容的丰富性和多样性，在写作过程中参考了大量理论与研究文献，在此向涉及的专家学者们表示衷心的感谢。

最后，限于作者水平有不足，加之时间仓促，本书难免存在一些疏漏，在此，恳请同行专家和读者朋友批评指正！

作 者

2021年1月

目录

第一章　绪论

英语是国际通用语言，只有熟练地掌握英语，才能与国外人员更好地沟通与交流，随着我国经济建设的不断深入，与国外经济往来也逐渐增多，因此应该加强对英语教学的研究，促进英语教学的发展。本章主要分为英语的教学对象、英语教学的文化差异、英语教学的基本思路、新时期的翻译教学思想。主要内容包括：我国教育对象——学生、学生的主体性、文化差异对英语教学的影响、英语教学的基本思路、重视中国文化在翻译教学中的作用等方面。

第一节　英语教学的对象

一、教育对象——学生

（一）学生是具有社会性的人（社会性）

学生的社会性一方面体现在他们生活的社会大环境（包括学校）中；另一方面体现在他们必须掌握社会生活所必需的知识、技能、情感、主流文化和价值观念，遵循社会发展的各项规则，成为一个能有效参与社会生活的主体。

（二）学生是具有独特个性的人（个性）

一个人生活在社会上，他既是社会的人，又是个体的人。前者体现为人的社会性，后者体现为人的个性。当教育面对人，在培养其符合社会发展需要的社会共性的同时，更要尊重和承认学生的个性，为个性的培养提供有利条件，比如说因材施教等。“教育的目的就在于使人成为他自己，变成他自己。”

（三）学生是能动的主体（主体能动性）

学生在学习的过程中不是简单被动的被加工对象，学生能够根据自己的主体条件如愿望、能力等树立自己的学习目标、选择适合自己的学习方式。因此在教育过程中对学生的主体能动性必须予以尊重，为他们主体性的发挥创造条件，并且适当引导。

（四）学生是有思想情感的人

他们有爱有恨，有自己喜好憎恶，爱感情用事等，这些特点在很大程度上影响到对学习，教师和同学的态度，因此在教育过程中，要加强教师和学生、学生和学生之间的情感交流，培养其积极情感，这既是教育的内容，也是保证教育过程顺利进行的有效手段。

二、学生的主体性

（一）含义

要想全面了解学生主体性的含义，需要从三个层次来理解。

其一，什么是主体。这个词具有非常深远的哲学渊源。哲学是源于对实践的追问和对世界的思考。在古代生产力不发达的情况下，人们往往关注外部客观世界的变化多于对自身的关注，关注自身的意识大多没有唤醒。但是一些具有理想精神的思想家、哲学家已经对这一问题有了初步的思考。例如，古希腊智者学派的普罗泰戈拉提出："人是万物的尺度，是存在者存在的尺度，也是不存在者不存在的尺度。"这种把人看作是万事万物唯一标准的思想，已经凸显了把人作为认识世界的主体。而苏格拉底的"认识你自己"更是对主体有了自觉的思考。近代笛卡尔"我思故我在"更是直接将人作为认识的主体，也引起了对主体的研究浪潮。马克思在总结了前人相关理论研究的基础上，认为"主体就是指那些从事现实社会实践活动，以不同方式认识和改造世界与自我的人，或者说主体就是指人与周围世界相互作用过程中的社会实践者、行动者、改造者、控制者"。这里的主体，强调的是相对自然而言，人是思考和实践的主体。

其二，主体性不是主体的本身，而是一种能动的力量。从意识上看，是活动的主体有意识、有目的地对自然、社会加以影响控制的意识，具有能动性；从地位上看，体现了活动主体的地位，在活动中居于主导。而从方法上看，主体性具有一套基于自己的意识、目的而行之有效进行实践的方法，并且在结果上呈现出一定的创造性。简而言之，主体性具有能动性、自主性和创造性的特征。"人的主体性是人的内在规定性，以主体的目的和意识为前提。没有目的和意识就无所谓主体，也就无所谓主体性。"所以主体性也包含着对客体和自身的理解。其三，教育是一种有目的、有意识、有组织地培养人的活动，而教学的概念，目前学界普遍认同教学是为了实现教育教学目的，在教师的引导下，学生发挥主体性进行学习并获得全面发展的过程。教育教学的目的是促进学生发展，方法上也是教师教学生学，因此“教”是为了“学”而服务。学生主体性在教学活动中可以得到充分发挥。

总而言之，学生作为主体在教学过程中具有无可争议的地位，学生在这个过程中可以明确地意识到自己是学习的主体，“我要学”，而不是“要我学”，在学习方法上也具有自己独到的见解，并且将教师的教看作是一种引导，有的放矢吸取课堂知识，形成自己的学习方法、思维方式，并能对所学内容提出自己的创见。因此，学生主体性是指学生在教师的指导下，为了实现学习目的在学习过程中自发表现出来的能动性、自主性和创造性的功能特征。

（二）表现

1. 学生具有能动性

这种能动性主要反映在学生在学习的过程中，有明确的个人主观目的，且对目的有较为深入的见解，并且为了实现目的，对课堂内外的学习过程、环节能够有积极主动但有选择性地参与。一方面，学生在学习过程中要有明确、主观、多层次的目的性。学习活动是一项有组织、有目的的活动，也是一项终身受益的活动，学生在这个过程中应当有自己明确的目的，而不是因为受到老师、家长的压迫和要求被动进行学习、完成学习任务，而是为了满足自己的兴趣爱好、个性发展或者是未来的职业发展等需要而学，学习目的应当是全方位、多层次的；其次，目的具有导向和调控作用，因此为了实现目的，对待学习的态度应当是积极向上、饶有兴趣的，具有积极性，另外，学生对于学习内容并不是被动全盘接收，而是根据自己的理解和需要有的放矢地进行吸收，在课外也会根据自己的需要对知识进行探究、补充，具有自觉选择性。

2. 学生具有自主性

主要表现为学生能够对学习过程中产生自己的思考，并且不受外界干扰，不需要外界强迫或者依赖他人，并且能够自主采取措施管控学习过程。包括自主意识、自主能力两个方面。自主意识在于学生对自己是学习的主体有明确认知，且学习动机更多地来自认知内驱力或者自我提高内驱力。而自主能力则是能够很好地按照自己节奏进行学习，不会轻易受到外界干扰，有很好的元认知，并且能够有效运用各种学习策略促进学习、管理学习。

3. 学生还具有创造性

创造性主要表现在思维方式、能力和人格三个方面。在思维方式方面，有怀疑和批判精神，能够对他人的观点提出质疑，并且喜欢发表不同的见解；而在能力方面，能够把握问题的本质，多方面分析问题，并能灵活运用所学知识解决问题。此外，创造性也是一种人格，是一种精神，在需要的时候能够坚持自我，并勇敢而理性地表达自己的创见或怀疑。

第二节　英语教学的文化差异

一、语言与文化

（一）语言的定义

不同的学者从不同的角度看待语言，并提出不同的语言定义和描述。例如，Sapir 认为，语言是通过自动产生的符号传达思想，情感和欲望的纯粹的人类本能方式。结构主义将语言视为建筑物或定义明确的对象，并且他们对语言的结构感兴趣。社会语言学家将其视为一项包含听、说、读、写的活动，而行为主义者将语言视为操作上的行为。无论如何，语言的公认定义是:“语言是用于人类交流的任意语音符号的系统”。

（二）文化的定义

文化无处不在，多维、复杂而普遍。不同的学者对文化有不同的定义。Hoebel 和 Frost 认为，文化是学习行为模式的综合系统，这些行为模式是社会成员的特征，而不是生物遗传的结果。对于他们来说，文化不是遗传学上预定的或本能的。众所周知，每个人在出生时就被限制在一个特定的地理位置，因此暴露于某些特定信息中。所有这些信息，无论是关于宗教、饮食、衣着、住所或书籍，都是基于文化的。因此，一个人经历的一切都是其文化的一部分。Bates 和 Plog 提出了一种描述性定义，该定义不仅包括行为模式，还包括思维模式，人工制品以及用于制造人工制品的文化传承技能和技术。他们认为，文化是一种共享的信念、价值观、风俗、行为和人工制品的系统，一个社会成员用来应对自己的世界和彼此，并通过学习世代相传。从某种意义上说，文化将一个国家的所有精神和物质生活融合在一起。它调节着人们生活的方方面面。

（三）语言与文化的关系

1. 语言是一种有效的沟通工具

语言学家、哲学家等经过多年的研究和推理，提出了许多有关语言起源的假设，其中影响最为深远的有：①拟声说和拟象说，即认为语言起源于对模范自然界各种声音和现象的模仿；②契约说，法国哲学家卢梭在《论人类不平等的起源》和《论语言的起源》中先后提出了“契约说”，认为人类为了建立一个平等的社会和沟通便捷，共同约定使用语言作为交流工具；③生物进化说，生物学家和考古学家认为，由于人类的祖先很早就学会了用双脚直立行走，使得人类祖先的视野更加开阔，呼吸更加顺畅，进而带动了大脑和神经系统的进化，并为语言的产生和发展创造了条件。

语言的出现大大便利了人类之间的相互交流，使得信息、情感和思维的交换更加便捷和迅速。笔者认为，语言的出现使得同一种族的人类祖先能够更快地了解彼此的想法和需求，实现思维沟通，进而强化群体凝聚性，运用群体的智慧解决外来威胁和内部矛盾，从而加快了人类社会的发展进程。

我们可以用一个例子来反证语言是一种有效沟通工具的观点。曾经有许多报纸报道过有关“狼孩”“猪孩”之类的新闻，这些孩子在被外界发现之后，无一例外地表现出恐慌、排斥等负面情绪，发现者想要与其沟通基本不可能。其中的大部分孩子即使在回到人类社会后，依然惶惶不安，保留明显的动物特性，甚至在很短时间内就会因为种种原因而死亡。也有个别的“兽孩”在发现者和收存者的耐心帮助下重新掌握了人类语言，可以简单地甚至流利地与外界进行交流。那么，这一部分“兽孩”往往能够更快地适应周围环境，甚至重新融入人类社会。

笔者认为，或许语言不是让某些“兽孩”避免早夭的唯一原因，但至少能够看作是一个重要的影响因素。“兽孩”通过运用语言与外界交流并得知自己不会受到威胁和伤害时，心理和情绪的变化都会趋于稳定以及平和，有助于他们了解和熟悉全新的环境，并改变自己，融于社会。

2. 语言是文化现象的组成部分

历史语言学家格里姆认为，语言就是历史，语言本身包含着社会内容，一些动物实验证明了动物之间也存在“语言”，但是这种“语言”更多地用于发出危险警报、求偶或者告知同伴哪里有食物。而人类的语言词汇则承载着明显的文化信息，能够全方位反映人类社会文化的各个纬度。例如，语言中的习语、成语、谚语、诗词等往往与特定民族的历史、社会和文化紧密相连。例如，白居易的《问刘十九》前两句“绿蚁新醅酒，红泥小火炉”就用非常平实朴素的语言刻画了唐代朋友之间促膝夜谈的生活场景。三言两语，尽是生动活泼。再比如，我们都很熟悉的英语谚语“Love me，love my dog”反映出对西方国家来说，狗不仅仅是动物本身，更是人们非常喜欢和信任的忠实家庭成员，这与汉语文化中常用的“狼心狗肺”“狗眼看人低”等所表达的含义完全不同。

另外，语言的语法结构和表达手法也可在一定程度上反映特定民族的思维模式和性格特点。以英语和汉语为例，英语作为低语境语言通俗易懂，直截了当，正如多数西方人热情外向，开门见山的性格特点；汉语作为高语境语言则相对内敛含蓄，秘而不宣，正如多数东方人隐忍慢热，沉稳保守的特质。

3. 语言对应特定文化

Juri Lotman在其著作中所说：“No language can exist unless it is steeped in the context of culture：and no culture can exist which does not have at its corner the structure of natural language.”不同的语言往往对应和体现特定的文化特征，不同的语言可以反映出不同的文化差异。

以中美两国的亲属称谓制为例，中国的亲属称谓制属于苏丹式，无论亲疏、辈分，每一位亲属都有特定的称谓。例如，妈妈的兄弟姐妹被称作“舅舅”“阿姨”，而爸爸的兄弟姐妹则被称作“伯伯”“姑姑”或者“叔叔”。美国的亲属称谓制属于典型的爱斯基摩式，即父母的兄弟姐妹统一用“uncle”和“aunt”称呼，爷爷奶奶和姥爷姥姥全部用“grandpa”和“grandma”来称呼。对于美国人来说，来自父亲一方的亲戚和来自母亲一方的亲戚是一样重要的，因此就无所谓区分出到底是舅舅阿姨还是姑姑伯伯了。

造成中美两国称谓差别显著的根源在于两国历史和社会道德理念的差异。自古以来，中国人长期生活在重视礼教的封建社会，尊卑有序，以家庭宗法为中心，推崇孝悌，讲究长幼有序，不能对长辈直呼其名，否则将被视为没有规矩，不懂礼法。因此，每个人都很注重各自在家庭当中所处的地位和扮演的角色，非常注意自己的行为举止。

相对而言，美国是一个新兴的熔炉国家，资本主义体制长期占据主要的统治地位。大部分美国人更倾向于小单位的家庭环境，也更习惯于直呼亲属名字，子女一旦成年就渴望独立生存，而父母即使年迈也更愿意住在自己的家里。这样一来，他们的联系通常发生在节假日，自然就不需要像我国一样建立庞大复杂的亲属关系了。

4. 语言并不完全对应某种特定文化

与语言体现特定文化特征相对应的是，并非所有的语言都只对应一种文化，或者一种文化体系下只应用某一种语言。英语作为国际通用语言，在地理上具有广泛的影响。不仅英国及其之前的殖民地居民使用英语，基本世界上所有的国家都支持本国人民学习和了解英语。但是并不是说掌握了同样的语言就分享同样的社会文化。例如，英美两国虽然都使用英语，都曾受到盎格鲁－撒克逊文化的影响，但是地理和历史背景的不同却使两国的文化和民族信仰有着明显的差别。

一种文化也往往包含两种及以上语言，从宏观角度分析，我国幅员辽阔，有 55 个少数民族，自然就有各个少数民族自己的语言；从微观角度看，每一个省市，每一个乡县，由于地理和生活环境的差异，又都有各自的方言。同样的一句话，一个意思，由不同地区的人讲出来，说的话，发的音就有可能是不一样的，这就是我们经常所说的“南腔北调，十里不同音，百里不同俗”。

与此同时，我们还应该看到，无论是语言还是文化，都不是一成不变的。语言是由其所依托文化的发展水平决定的。文化愈繁荣，相应的语言系统就愈丰富和与时更新。相对应的，某些话语和词语也可以在一定程度上影响特定文化的特征及发展方向。例如，国家的政策性话语或者某些重要人物的讲话，又或者一些科学发现的重大报告等都能够对社会形态和文化的未来走向产生重大的指向性影响。

二、英语教学与文化的关系

传统英语教学中多是依赖于学校颁发的英语教材，让学生学习和背诵该主题内容相应的单词、语法和句子，学生更多地停留在被动接受和巩固记忆的阶段，英语学习相对来说比较枯燥。而且在这种教育体制下，很多学生并不能很好地理解中西方文化的差异，导致对于所学的英语知识不能灵活地应用，或者说英语单词或词语运用的时机或者意义不对，也就是人们常说的出现歧义和用语失误的问题，从而导致中西文化双方的沟通和交流出现问题。随着社会的不断发展和进步，为了有效克服英语教学中不会应用的问题，或者应用不当的问题，人们开始逐渐意识到英语文化背景知识学习的重要性。为此，很多英语教师在教学过程中，通过对比中西方文化的差异，引导学生结合社会发展环境进行分析，有效丰富了英语课堂教学内容，切实提高了学生参与英语学习活动的热情。而且运用中西文化差异对比的教学方式，很多学生开展了自主学习分析。

不仅在很大程度上提高了英语语言运用能力，而且自主学习能得到了有效的改善，更是让很多学生感受到了英语学习的乐趣。

在英语教学中应该加入文化教学，提高英语学习者的跨文化交际能力，从语言的结构看，英语中包含大量的俗语、谚语、俚语等丰富的文化知识，具有强烈的民族特色和地域色彩。中汉语言学习者缺乏英语的语言环境，对语言的社会文化信息只能通过课堂获得。如果课堂学习中只注重词汇、语法等知识，学生就难以理解语言的含义。因此，在教学中要想让学习者了解文化知识，必须做好以下几个方面。

①提高跨文化知识的讲授。教师作为知识的传授者，应该在教学过程中适当地插入文化图片、录像，以帮助学生更好地了解课本中的文化知识。

②尽可能扩大学生的阅读面。可以让学生阅读一些有关民族风俗习惯、历史文化、社会文化的文学作品，如西方国家的节日和活动等，或者欣赏经典的影视作品让学生更多地了解西方的社会文化。这样学生既可以轻松地积累文化知识，也可以提高学习动机。

③鼓励学生参与各种英语活动。学习语言的最终目的是进行交际，只有通过广泛的交流和实践才能准确运用语言知识。学生可以经常去英语角或收听 BBC 和 VOA 等节目。

因此，对于语言学习者而言，学习和运用英语必须了解与之有密切关系的文化，学习语言同学习文化密不可分。所以，在英语教学中不能一味地强调语言知识，也要注重社会文化背景知识的传授，帮助学生扫除文化上的障碍。

第三节　英语教学的基本思路

一、英语教学的现状分析

（一）教学理念模式僵化

长期以来，我国教学理念以及教学模式的改革和创新相对较为缓慢，这些都会在很大程度上影响我国高校英语专业人才培养的进程。通过采取传统的教学模式，不仅会导致教学理论逐渐趋于僵化的状态，同时，所采取的教学方式也是比较单一化，通常都是通过采取“满堂灌”或是“填鸭式”的教学方式。这类方式既不符合当前教学需求，同时还会与当前国际社会交流需求逐渐背离。

同时，我国高校英语教育理论的研究和实践逐渐与国际脱节，理论研究和实施的路径当中逐渐出现了真空地带的情况，而且已经逐渐步入了空中楼阁的误区当中，如果不能够将教学理念和教学方式得到及时地创新和改革，也会在很大程度上影响英语专业人才培养的质量。

（二）忽视交际能力的培养

当前，我国高校英语教学过程中，更加注重书面教学，这样就会造成学生很难提升自身的语言适应能力以及交流技能。曾有高校为了对英语试卷的难度进行测试，请外教进行答题，然而，外教最终的得分却比学生的平均得分还低，然而在语法以及填空这些类型的题目当中更加突出。

我国高校英语专业教学当中对书面化要求过分注重，很大一部分教师都将教学重点放在书面内容以及书面表达当中，并不能充分满足英语实际交际以及实际应用的需求，教师并没有充分地重视对于学生实际交际能力的培养。虽然当前在师生以及学生之间，同时包括学生和外国友人之间的相互交流，新媒体环境为此提供了有力的前提和保障。

（三）忽视学生主体地位

当前，有更多的教育学家以及教研工作人员都更加重视“以学生为主体”，但是，在实际的教学过程中，仍然有很大一部分教师继续采取“一言堂”的教学模式，虽然一部分教师逐渐开始通过对多媒体技术的结合来搜集相关教学内容，或是通过制作课件来开展教学。但是，课堂教学的主体部分仍然是教师，在师生之间以及学生之间并没有实现口语交际的培养，无法调动学生对学习的积极性，反而会对教学效果有很大程度的影响。

二、英语教学的基本思路

（一）教师应该深入落实“以学生为中心”的教学理念

在教学方面，应该努力摆脱传统的“教材中心、课堂中心、教师中心”的观点，落实“以学生为中心”。教育部部长陈宝生在新时代全国高等学校本科教育工作会议上提出，人才培养是本，本科教育是根，加快建设高水平本科教育，培养大批有理想、有本领、有担当的高素质专门人才，为建成社会主义现代化强国提供强大的人才支撑和智力支持。这就要求高校和教师调整英语教学目标，以学生为中心，从“培养适应社会的毕业生”出发，建议将影响大学生就业的“大学英语四、六级考试”加入英语教学目标，试行大学英语分级教学计划：从大一开始，按照学生入学前的高考英语成绩，划分不同班级，进行分级教学，使教学更具针对性。设计符合各级别学生英语水平的教学内容，提供相应难度的学习材料，制订适合的学习方案。高校英语教师还应关注学生的心理状态，在不断正反馈的激励下，让学生达到持续学习的健康心态。

（二）教师应该切实发挥自身的主观能动性

以学生为中心，并不是否认教师的主观能动性，而是让教师转变角色，从知识灌输者向“学生学习的辅助者、引领者”转变，让学生自己去探究思考。在英语教学改革中，教师仍是关键因素。良好师生关系的建立对学生良好学习方式与思维的建立起着举足轻重的作用。教师可以通过分析英语成绩优秀学生的学习方式，主动去引导帮助成绩较落后的学生；通过日常对学生的学习督促以及与学生的交流，不断推进学生学习进度，由外而内，实现英语学习态度的转变，从“要我学”到“我要学”的转变；帮助学生合理利用线上学习资源，开展协作学习等。

（三）教师应该积极展开教学反思

教师应积极结合自己的教学实践，对课堂教学的教学行为、决策以及由此产生的结果经常作出分析，不断促进自己教学能力的发展。教师开展教学反思，也是回顾思考自己的教学活动，来进行重新认识、再评价和经验总结的一个重要环节。通过针对性强的教学反思，有利于教学质量、教师自身素质、教学能力和教学研究能力的提高。这就需要从以下三个方面采取措施。

1. 积极开展教学前反思

英语教学前反思的前瞻性比较强，可以成为一种英语教学自觉实践过程，对于英语教师教学分析和设计能力的提高有利。英语教师开展教学前反思，可先分析教学主体的基本情况，分析如何处理英语教材设计以及建构教学设计知识体系等入手。课前准备对英语教学很重要，教师必须在钻研教材、了解学生、设计教法、安排教学程序等方面，花费足够的时间，以便奠定课堂教学高质量的良好基础。

2. 注重反思教学过程

教学过程反思，主要是针对教师教学决策过程、教学行为过程、教学结果、教学方法是否有效，以及教学机制如何，多进行反思。教师应最为重视开展教学过程反思。英语教师积极反思英语教学过程，可以调控教学，让课堂教学高效而优质，这对教师教学应变能力的提高有利，也可最大程度提高课堂教学的实效性。

3. 落实好教学后反思

批判性强的教学后反思，能促进教学经验理论化，并为教师教学评价和总结能力提高提供帮助。教学后反思是由教师自我评估和行动改进预期所构成。在完成课堂实践后，教师及时进行反思，可以对教学之中的长处和不足进行直观和具体的总结，以便发现问题，分析问题，找到解决的办法。同时，还可对教材和学生开展深入研究，对教学方法和手段进行优化，以便让自己的教学经验不断丰富。

（四）教师应该对学生进行全面了解

当开展教学实践中，教师的教学设计，不仅要将学生的主体地位体现出来，还要对学生进行主动性和积极性的培养，不仅如此，还要针对学生英语水平的实际需要和高低程度，对学生不同起点的要求考虑充分。这就需要在学期开始的时候，教师想测试学生的英语程度，比较分析学生的差异情况。在教学内容设计过程中，要对内容的难易程度有一定区别，不仅要对那些水平不高的学生给予照顾，而且也要为那些水平高的同学，创造其比较有利于发展的学习空间。由此，不仅可以让学生的英语语言水平稳步提高有保证，同时，也对学生的个性化学习比较有利，以便达到有针对性的因材施教活动。这就对每位学生的共同成长和发展真正有利。教师的教学，不能忽视学生作为教学主体地位的重要性，要针对学生开展英语教学和设计英语教学内容，因学生彼此存在着各自不一样的特点，而且也在学习能力即智力水平上，存在不同差异，特别是信息时代的今天，不能单纯依靠教学开展学生的知识学习，还要与学生家庭教育因素的不同结合起来，这就让学生存在差别比较大的英语学习能力，而这一差异，在相当程度上，是处于英语教师了解范围之外。因此，就需要英语教师，结合学生的实际，并以此为着眼点，来进行依据学生情况不同的教学设计：一是英语教师应充分了解学生英语知识掌握度的具体情况，并分清楚学生的掌握达到了完全还是部分掌握；二是英语教师所进行的教学目标设计，应针对学生阶层的不同作出分别设计，以便能够实现英语的差异化教学目标；三是要了解学生对英语知识点学习的能力。

教师应判断出哪些知识点学生容易接受，哪些不是学生容易接受的，以此来对教学过程进行设计；教学设计必须重视新旧知识的串联，要在复习巩固的基础上，使学生运用英语知识的能力获得不断提升。开展英语课堂教学，英语教师必须采用多元化和层次化，对学生进行评价。要在对总结性评价重视的同时，对形成性评价也要重视。可以安排在学前、学中和学后开展教学评价。其中的学前就是进行诊断性评价，而学中，则是过程性评价，学后则是达成目标之后进行的评价。在课堂教学中，其中的每个活动必然有与其对应的评价，在此基础上，针对评价结果，及时调整下一步如何安排教学活动。并且，教师还应评价学生的综合素质全面发展情况。不仅如此，教师还应对学生的进步进行鼓励，不要对学生只是单纯指责，学生只有看到自己有进步，学习的兴趣和信心才能够提高。

（五）教师应该加快自身角色的转变

1. 教学内容设计者

良好的教学内容是保障学生学习质量的基础，教师在设计教学内容时需要以教学目标作为指引，使教学内容可以切实提高学生的英语学习水平。首先，教师需要进行教学计划的制订，保障教学进度能够与实际课堂教学相符，这样才能够合理地对教学内容进行安排，使教学内容更加丰富。其次，需要根据学生的学习情况适当地调整教学内容，使教学内容能够更好地为学生所接受，这样既可以保障学生具有良好的学习效果，又能够提高教师的教学效率。例如，当发现学生对英语语法的学习不够重视时，教师可以将常见的英语语法制作成PPT的形式，这样既符合信息化教学的要求，又可以让学生反复进行学习，使学生的英语基础更加牢固。最后，教师需要注重情境教学方式。英语较难理解的就是会话内容，通过情境教学的方式有助于学生对英语会话的理解，让学生逐渐适应英语会话的学习。

2. 教学活动组织者

在英语教学过程中，教师需要充分发挥组织者的角色，组织丰富的教学活动，从而提高学生在英语学习方面的兴趣。一方面，教师需要收集一些学生感兴趣的英语学习内容，将其融入英语教学中，这样可以激发学生的学习兴趣，让学生快速地进入英语学习状态。例如，教师可以收集一些网上的热门事件，用英语翻译出来，这样可以有效地激发学生的阅读兴趣，提高学生的英语学习水平。另一方面，教师需要选择合适的教学主题，活跃课堂的学习气氛，进而提高学生的学习专注力。尤其是在英语听力教学中，学生往往对学习听力的兴趣不大，因此在进行听力教学时，教师需要充分地利用信息化教学的方式，合理地将听力情境融入英语教学中，以此来强化学生对英语听力的理解，使学生积极地参与听力学习。

3. 自主学习引导者

在英语学习过程中，学生需要养成自主学习的习惯，这样可以让学生具备主动学习的能力，保障学生能够在英语学习过程中自我完善。首先，教师需要引导学生树立正确的英语学习目标。一方面，需要引导学生注重英语基础的学习，加强对单词、语法等方面的学习。另一方面，需要注重英语的运用。例如，教师可以引导学生在网上浏览一些自己感兴趣的英文文章，保障学生能够将所学英语知识更好地应用到实际阅读中，巩固学生对基础知识的掌握。其次，教师需要引导学生查找有助于英语学习的资源，提高学生学习英语的效率。例如，教师可以向学生推荐一些英语学习网站，以课后作业的形式让学生用英语表达自己阅读后的感受，以此来督促学生学习英语。最后，教师需要引导学生养成英语晨读的习惯，使学生不断对英语学习水平进行强化。

4. 教学结果评估者

为了保障英语教学的质量，教师需要对教学结果进行有效的评估，确保学生能够真正地掌握英语知识，提高英语学习水平。教学结果评估过程主要包含三方面：首先，需要建立有效的评价机制，保障能够对学生进行准确的评价。例如，教师可以通过信息化手段为每位学生建立个人评价档案，将学生的考试成绩、课堂表现等记录到评价档案中，这样既可以让教师更好地了解学生的英语学习情况，又能够督促学生不断地取得进步。其次，教师需要根据学生的评价档案信息对学生进行评价，及时地将评价结果反馈给学生，让学生能够更好地了解自己的实际学习情况，并且对学生提出合理化的建议，使学生能够不断提高英语学习水平。最后，教师需要根据评价结果调整英语教学内容，使教学方式更加合理。

5. 学习资源提供者

在英语教学过程中，教师需要为学生提供充足的学习资源，让学生能够对所学知识进行良好的巩固，加强学生对英语知识的记忆。在传统的教学模式中，教师虽然也需要收集教学资料，但这些教学资料教师很难传达给学生，缺乏传播的有效途径。然而，在教育信息化环境中，可以有效地解决上述问题，通过网络传播手段，教师可以非常方便地将教学资料传达给学生，为学生提供丰富的学习资源。例如，教师在英语教学工作完成后，可以将 PPT 课件以及一些学习资源分享给学生，让学生可以独立自主地进行英语学习。在传统教学模式下，学习资源往往是纸质打印的学习资料，这种形式的资源数量非常有限，并且需要投入一定的经济成本。然而，在教育信息化环境中，学习资源为电子资料形式，如文档、电子书等，这些资源具有数字化、查看方便等特点，使学生实现随时随地学习。

6. 人文关怀辅导者

在教育信息化环境中，教师可以打破时空的限制，给予学生更多学习上的关怀，从而对学生进行有效的辅导。首先，教师需要建立英语学习交流平台，与学生之间建立有效的沟通途径，并且这种沟通过程需要是双向的。例如，学生可以通过交流平台向教师寻求英语学习上的帮助，让教师给予一定的学习建议。教师需要认真处理学生的问题，帮助学生处理英语学习中的难题，从而充分地体现出教师身为辅导者的身份。其次，教师需要营造良好的沟通氛围，与学生之间建立良好的相互关系，增加学生对教师的信任感和认同感，这样教师在对学生进行辅导时，学生更加地乐于接受教师的意见。最后，教师需要主动给予学生关怀与帮助，平时多关注学生的英语学习情况，帮助学生提高英语学习水平，为后续的英语考级打下坚实的基础。

7. 英语教育研究者

在信息化教学过程中，教师需要不断对教学方法进行研究，这样才能充分地发挥信息化教学的作用，实现良好的英语教学效果。一方面，教师需要做好信息化教学的总结工作，对以往的英语教学经验进行分析，探究有效的英语教学方法，将信息化教学手段更好地融入英语教学中。另一方面，教师需要加强自身的学习，充分地发挥自己作为英语教育研究者的身份，不断地学习新的英语知识，将信息化教学手段更好地融入英语教学中。例如，在信息化影响下，将会出现一些新的英语词汇、新的英语教学理论等，教师需要将这些新的内容融入英语教学中，从而适应教育信息化的发展要求。

（六）教师应该树立师德榜样

《教育部等六部门关于加强新时代高校教师队伍建设改革的指导意见》指出，要将“师德师风”作为高校教师职称评审的首要要求和第一标准。要求各高校做到：第一，厚植师德涵养，积极开展师德传统教育、师德榜样教育以及师德警示教育；第二，要严把师德师风关口，严把入口关、考核关、监督关、惩处关；第三，学校要营造尊师重教氛围，强化尊师教育，保护教师权利，关心关爱教师，提升教师地位。高校教师应秉持“立德树人，为人师表”原则，为学生树立榜样，积极推动高校教师师德师风建设高质量发展，全力建设高素质专业化创新型教师队伍。

三、英语教学中创造性思维的运用

国家强盛不衰的根本就是人民的不断创新，一个不断开拓创新的民族是一个前途不可限量的民族，教育在于启发学生的创造动机，鼓励学生创造地表现，以增进创造才能的发展。就其内涵来看，它是教师通过课程内容及有计划的教学活动，以激发和增长学生创造行为的一种教学模式。

（一）创造性教学思维概述

创造性教学思维从在质上需要借助语言文字、教学表现以及技术动作，有效完成对物体或者事物的深入了解，是文字认识高级外部形态的体现。而创造性思维整个流程是一种清晰的逻辑思维过程，同样也是从一个思维环节通过不断过渡，从而转化为另一个思维环节、最后总体由浅至深、由多至少的思维认识流程。而在这个认知和了解过程中，需要依靠人类逻辑思维全面把控事物的整体性和全面性。

创造性思维在实际运作过程中，需要以全新的角度、独特的思考方式有效体现教学思维。比如：教学发散性思维、教学侧向思维、教学逆向思维以及教学直觉思维等，都属于创造性思维的重要组成结构。

因此，创造性思维属于人类思维的高级运转流程，通过不断学习和了解，进而产生全新的思维成果，最终成为现代化教学过程中的核心培养思维模式。在实际教学过程中，创造性思维不能脱离基础的联想，所以自身想象能力匮乏的学生，思考问题渠道和方式必然也会狭窄，无法得到强大的问题分析和解决能力。现阶段我国学生开展英语知识学习时，应该更加大胆地针对其学习本质进行探索和研究，利用强大的好奇心和积极性，积极培养自身解决问题综合能力。

（二）英语教学中创新性教学思维的具体运用

1. 在英语教学模式中的应用

在新课程教育教学改革日益推进的大背景下，教师需要全面改革英语教学模式，融入创新思维，提高英语教学的创新性，以满足现代社会发展的实际需求。为了更好地将创新思维应用到英语教学改革中，教师需要创新并优化现有的教学模式，为学生提供展现创新思维的平台，强化英语教学管理理念，充分发挥出创新思维的作用，如实行英语情境教学模式，可以突出创新思维的优势，在这一过程中，教师需要引导学生根据教学内容，以对话框、戏剧表演、舞台展示形式建立相应的场景，实现英语的有效交流、沟通，以此为基础强化对英语教材内容的理解，使学生积极参与到英语课堂中，提高学生的创新意识。

2. 在作业布置中的应用

在英语教育教学改革过程中，教师必须强化创新思维的应用，将学生的创新意识、创新能力培养作为教学重点内容，既要在英语教学课堂中渗透创新思维，又要引导学生在课余学习中树立创新理念，提高学生的英语学习能力。在实际教学过程中，教师还需要充分发挥自身的引导作用，引导学生积极参与到实际教学中，一般学生在教师的监督中，学生创新意识、创新能力的培养效果比较明显；在教师未针对学生进行引导、监督的情况下，学生会忽略教学内容，很难激发学生的学习兴趣。

因此，在英语教学课后作业布置过程中，教师需要合理地引进学生创新意识、创新思维培养方式，在传统的英语教学过程中，教师为学生布置课后作业往往会根据课堂教学中的实际内容进行试卷考试、单词和语句频繁抄写等，这种方式会影响学生的学习积极性，学生很难积极参与到课堂教学中。无法提高学生的创新思维。为了有效地改善这一现状，在英语教学改革的过程中，教师必须认识到英语课后作业创新性的重要性，确保设计后的课后作业帮助学生强化对课堂教学内容的记忆，还需要进行有效的复习，这样学生在完成课后作业之后，才能加深对自身英语学习能力的了解。为了满足新课程教学改革的要求，英语教师应鼓励学生针对英语知识进行探索，如针对教材中相关的专题报告予以调查、记录和总结，这样可以使学生积极参与到教学全过程中，既能够实现创新思维应用的预期目标，又可以使学生独立完成课后作业，提高学生的实践能力，为学生的学习、成长和发展提供保障。

3. 在师生互动中的应用

英语教师在教学实践过程中，需要深入分析社会发展的实际需求、学生实际情况，创新思维，针对现有的教学模式进行创新和优化，注重多媒体现代化教学手段的应用，确保课程内容设计的合理性，将更具趣味性的教学内容融入英语教学中，使学生认识到英语教学的趣味性，积极参与到教学课堂中。同时，教师需要积极响应新课程教学改革的要求和号召，优化传统的教学模式，改变传统以教师为主体的教学方式，突出学生在课堂中的主体地位，教师也要注重自身的引导作用，针对学生的学习情况进行适当指导，不断提高英语教学的整体质量，这样教师和学生才能够积极进行互动，建立平等、和谐的师生关系。

另外，在教师和学生互动过程中，教师需要明确班级学生的实际特点，根据创新型实践教学方法，激发学生的优点，及时地优化、改善自身的不足，大力开发学生的思维能力，深入挖掘学生的潜能，这样既能够强化教师、学生之间的互动和交流，拉近教师和学生的距离，又可以建立和谐、融洽的师生关系，在长期的发展中学生可以建立促进彼此互相联系的思维网，充分发挥出学生的英语学习积极性，提高学生的创新思维、创新能力。

4. 在学习评价中的应用

在应试教育教学模式的影响下，英语教学中未形成完善、科学、注重学生能力、素质培养的教学评价体系，教师仍实行传统的终结性评价方式，未针对学生的学习过程、学生在学习时的情感态度和价值观进行评价，无法满足素质教育发展的实际需求，教师必须予以创新性改革。

在英语教学评价过程中，教师必须遵循发展性、主体性、过程性和多元化原则，强化教学评价改革力度，实现注重终结性评价到形成性评价的转变，还需要关注学生的学习过程，将学生获取知识判断、推理、分析、综合等内容纳入评价标准中，并针对学生的学习态度、情感体验、交际意识、探究精神予以评价。

（三）创造性教学思维的教育价值

由于创造性教学思维在英语教学过程中属于多层次的教学思维模式，因此教师针对学生创造性思维进行培养时，首先需要了解创新性思维与其他类型思维的区别，在对比后深入探索创造性思维的基础特点和其内部的差异性。为了进一步提高学生创新性思维水平，还需要充分考虑其想象创造特点和意识思考灵活性。教师在充分掌控以上基础特点后，还需要开展全方位、多角度、系统性的教学活动。

1. 有利于建造良好心理氛围

在英语课堂教学过程中，无论是教师角色还是学生角色，都需要在相互协调的教学环境下建立平等、和谐课堂气氛。教师与学生之间的关系应该保证和谐共生、团结协作、相互帮助、相互信任，只有在此种轻松、欢乐的环境中开展课程教学和知识学习，才能引导学生积极发表对英语知识的理解，进而全面激发学生学习英语的积极性和兴趣，最终提升课堂教学的质量和效果。教师开展英语教学时，还需要具有强大的包容性，即使学生自身的想象脱离现实，教师同样不能第一时间给出否定态度，而是需要以宽容的教学方式，引导学生多思考、多理解、多实践，根据自身不断探索，最终在脱离实际的想象中，寻找出正确学习方法。同时英语教师，应该使用科学技术手段，保护学生在学习过程中富于想象的优势和特点，有效引导，为学生提供充分的展示机会。

2. 有利于教学模式的及时更新

随着我国教育行业的不断发展，综合素质教育已经逐渐替代了落后的应试教育，对于高职学生来说，英语课程全新教学模式主要目的是保证学生平衡发展。教师开展英语教学过程中，应该重点关注创新性思维的意识提升和培养，以此为学生全面发展提供基础环境。在英语课课程教学过程中，学生应该是课堂教学的主要结构体，所以教师应该选择适合方式和技术手段，引导学生了解自身在课堂的实际地位，从而将一言堂教学模式转化为学生实践中学习、学习中实践的现代化英语教学方式。只有学生不断开展实践操作，才能有效提升其学习积极性和热情，所以在实际操作过程中，教师需要将课堂至少三分之二的教学实践预留给学生，最终帮助学生充分理解实践中学习、学习中发现的核心意义。

3. 有利于提升学生想象能力

在英语课程教学过程中，教师不能省略课堂实践环节，应该充分打破学生的常规性思维，利用多角度、全方位的教学思维开展创新型思维模式，并且结合英语教材主要内容的教学特点以及学生已经具备的基础知识储备和学习能力，开展丰富多彩的英语课堂教学活动，最终全面激发和培养学生的想象力。与此同时，教师还需要根据英语教学的实际情况，建设相关教学问题，将课堂学习主动性交托于学生，在此基础上，鼓励学生积极思考并且积极开展讨论，最终提出具有创新意识的教学模式，进而培养学生的核心想象能力和知识探索意识，在英语学习过程中，始终保证自身学习热情。比如：在英语课堂教学中，学生学习英语短语“in front of”后，可以以此作为基础，开展拓展训练，使用该短语进行造句。

4. 有利于营造良好教学环境

由于学生自身的英语能力各不相同，虽然大部分学生对于英语课程具有较高的学习兴趣，但是由于基础水平相对较低，导致英语课程学习十分艰难，长此以往，极易产生退却和抵触情绪。所以在英语课堂教学过程中如何有效点燃学生学习英语的热情，是目前大多数英语教师需要攻破的难点和重点。为此，英语教师在实际开展课程教学时，应该侧重于学生创造性思维的全面提升和培养，进而不断提高学生的创造性意识和思维。与此同时，教师还应该针对教材的内容进行不断深入探索，在教学之外，适当增加与教学内容关联的知识。同时在英语课堂教学开展过程中，教师应该灵活设计教学模式，进一步实现与学生的有效沟通，营造出轻松、和谐的教学环境。

5. 有利于优化教学评价

由于高职学校的学生基础英语能力相对较弱，加上大部分学校的学生并不具备高效的学习方式和良好的学习意识，如果教师在英语课堂教学方式上仍然选择传统的单词积累、句式练习，最终只会造成学生的抵触情绪，最终形成“哑巴英语”，严重缺少良好、和谐的师生沟通。此种学习模式和方法不仅阻碍了英语学习的进度，一定程度上致使学生整体陷入被动接收状态，不利于后续的英语知识学习。

第一，在英语教学过程中，应该不断增加英语口语的占比，并且英语口语教学和练习不用约束至单纯的一种模式，可以多种模式相互结合。比如：英文文章阅读、话题辩论赛、情景再现、英语娱乐小品等模式。使用此种方式，不仅可以提升学生的英语综合能力，一定程度上还可以增加学生学习英语的热情。

第二，在课堂英语教学过程中，提高课堂表现的占比。其中课堂表现主要包含听力练习、阅读解答、英语翻译以及文章写作等相关模式。相比传统英语能力考核模式来说，课堂综合表现可以相对全面了解和考查学生对于英语知识的掌控情况。

第四节　新时期的翻译教学思想

一、重视中国文化在翻译教学中的作用

文化是一个抽象的概念，人们很难给它下一个准确的定义。它包括人们衣食住行相关的物质文化和教育、科学、艺术等方面的精神文化。无论哪个民族，要将其特有的历史、人文、价值观、传统文化和思维方式等传承下去，都需要语言这个工具作为载体。语言是文化传播和交流的重要媒介之一。因此，文化

和语言相互关联和依托。文化的传播、发展和传承需要语言这个中间介质，文化的发展也促进了语言的进一步演变、推进和发展，丰富了语言的内涵。

在英语翻译教学中，我们不能只强调目的语文化、翻译理论、翻译技巧等方面的教学，而要重视翻译教学的终极目标——帮助学生利用所学去诠释和传播文化。这里所说的文化包含西方文化，更重要的是我们的母语文化，即中国传统文化。只有学好我国的传统文化，继承并传播出去，建立本民族文化自信，我们才能更好地吸收和内化目的语文化，从而在两种文化间切换自如，成为民族间文化交流的桥梁。母语文化在外语教学中的重要性显而易见。母语文化与目的语文化的对比可以加深学生对目的语特征的理解。也可以让学生更加深入地理解母语文化精髓。

另外，掌握好中国文化是学习和掌握目的语文化的基础。我们应通过提高学生对母语文化学习的兴趣来培养学生学习目的语文化的兴趣，调节学生学习两种文化的心理和态度。

二、重视对翻译课程资源的整合

翻译课程资源整合是教学内容的承载体，也是实现英语翻译教学目标的基础。英语教师需要有见地的选择与翻译课程相关的资源，并与教材内容相匹配。在信息化时代背景下，资源的整合和优化促使英语翻译教育现代化向前迈进一大步。利用网络信息化的基础设施条件，在网络资源库中搜索、筛选、整理适合翻译教学的教学素材和基本内容，并通过信息化技术手段加以改编、优化和创新，从而形成多形式、多媒介、适应英语培养目标的教学。英语教师应当在信息化教学环境下，大胆创造，自主研发适应翻译课程教学的资源，比如电子课件、网络课程、翻译题库、翻译学习网站集成站等，使翻译教学资源实现真正意义上的整合和优化。

教师使用的翻译资源摘自英语国家的真实生活、学术场景和文化环境，在该角度看，英语翻译学科有着较大的比较优势，拥有可靠、真实的鲜明特点，以及切实可行、具有前沿性、跨学科性的学术特征。多维度、立体化的翻译课程资源打破了纸质材料的统治局面。英语翻译课程资源的整合可以强化信息刺激，增加大学生的知识输入体量，充分调动起学生学习英语翻译的积极主动性，提高单位时间内教学、学习的总体效率。

三、重视翻译教学语料库的建设

（一）自建翻译教学语料库的优势

1. 可操作性较大

大型语料库的开发是一项非常繁琐的系统工程，需要耗费大量的人力、物力、财力。无论是北京外国语大学王克非主持研制的“中国英汉平行语料库”，还是熊兵主持研制的“应用文汉英双语平行语料库”，都依托于专业的数据研发公司、高额的研发基金和专门的维护管理团队。虽然这些项目具有强大的研究价值及意义，但对于一般缺乏科研经费和研发能力的教学团队而言可操作性太小。

2. 实用性较高

自建教学用的双语平行语料库语料收集目标明确，一定程度上有利于提高建库效率。此外，自建双语平行语料库通过网页的形式也可在本地机操作，检索语料和更新语料相对自由，可在最大程度上供广大师生积累和检索语料，而且自主设计的语料库可根据教学的实际需求灵活变化，随时更新且无操作权限限制。由于受到版权限制或高额语料库维护和管理费用的限制，很多大型语料库并不对外开放权限或免费供研究者使用，但自建语料库受到的限制相对较小，供翻译学习者使用的实用性也就更高。因此，应该结合学院团队实际科研硬件和软件情况，自建一个适合本校翻译教学的双语平行语料库。

（二）翻译教学语料库建设思路

1. 数据库结构设计

数据库结构具备管理员系统，中英双语语料管理系统以及三个语料库系统（词汇、长句、篇章）。管理员拥有用户管理权限以及语料库管理权限。用户仅拥有语料库录入和校改权限。

2. 语料采集

为了迎合翻译课程的需求，可将翻译教学语料库建设的双语平行语料库特分为词汇语料库、长句语料库及篇章语料库。语料库数据录入可通过导入结构化文本由程序自动入库，支持的文本格式包括 xls、xlsx、csv、xml 等文件格式，另外系统支持通过手动编辑输入语料库，并可对之前的录入内容进行修改和删除操作。

3. 语料加工与管理

（1）语料原信息的录入整理

在前期积累语料的过程中，虽然已对所收集的双语对应文本进行了分类整理，但文本来源较为广泛，所有文本基本都是通过上传电子书籍、课件光盘、网络文本（如网页中双语对照文本、中英双语网站、微信公众号双语文章等）、学生课堂练习及课后作业（中英文对照）或扫描双语书籍、报纸、杂志等方式收集的，格式并不完全统一。这就需要将不同类型的文档转换成语料库所需的 xls、xlsx、csv、xml 等结构化文本格式，然后再分门别类入库数据。

（2）语料对齐

语料入库时，为了翻译教学效果，需要将双语语料进行对齐处理。针对翻译课程的需求，可将语料按照词级、句级、段级、篇级进行对齐处理。可采用 Tmxmall 在线平台进行语料对齐，系统可基于 http 协议对在线服务进行自动化请求和结果获取，同时将结果提供给管理员或教师进行人工审核，经审核后提交入库。

（3）英汉双语标注

语料库的检索功能实现是系统基于自动分词技术，对入库的语料实现全文检索。系统提供语料库中文的检索功能，可将需要标注的语料根据关键字、用户、时间等参数查询出来，由系统用户将英汉映射关系进行录入，建立映射关系。

（4）入库语料校对

因语料库的建设和录入标注工作极其繁琐，后期仍需研究人员对入库语料进行校对，因此，语料库系统可提供对进入语料库的语料进行修改和删除的权限，以方便研究人员后期对语料进行加工和管理。

4. 语料库的管理与后期维护

双语平行语料库是为了辅助翻译教学，因此，在语料库设计之初，应考虑增减管理员的功能因素，管理员账户具有为注册用户修改个人信息、为系统中各个用户分配权限以及对语料库中数据进行增删查改等权限。

四、重视课程思政元素融入翻译教学

（一）课程思政的内涵与特性

1. 课程思政的内涵

课程思政符合我国高等教育理念，它的实质是思想政治教育和高校课程的融合。课程思政实现了课程与课程间的融会贯通，逾越了学科界限，脱离了课程的单一知识观，更加注重课程素养教育功能和立德树人功能，强调知识教授和价值引领相统一，旨在培养德、智、体、美、劳全面发展的社会主义建设者和接班人。

2. 课程思政的特性

（1）价值引领性

高校教育工作的侧重点在于传授知识和技术，课程思政这一教育理念是具备前瞻性的，其侧重点不只是知识的学习，而更注重课程中人的生存和发展状态，培育怎样的人才是真正的价值所在。

（2）载体的多元性

课程思政教育模式改善了传统的灌输和说教形式，教育过程中更注重多样载体的应用；大学教育中多门课程均可视之为其载体，专业教育不只是给予学生知识，还要塑造其价值观、人生观及道德品质。

（3）教育协同性

在课程思政教育体系下，各课程同思想政治相辅相成，立德树人成了每位教师的职责所在，协同育人效应随之产生。

（二）课程思政元素融入英语翻译教学的意义

社会型人才的培育是教育的主要目的，教书育人是教师的职责所在，不仅应注重专业技能和素养的培养，还要注重高尚道德品质的培养。翻译专业主要针对学生跨文化交际工具的利用，文化碰撞极易发生，同时也极易出现崇洋媚外的现象。因此课程思政元素融入翻译课程中则是势在必行的，其主要目的在于弘扬中华民族优秀文化，培养符合中国特色社会主义发展战略的人才，在促进学生学习国际性文化知识的同时增强学生的爱国主义情怀，为国家的未来发展奠定坚实的基础。回归人本，以人才培育为教育重点，以立德树人为根本是高等教育的教育准则，要形成促进学生德、智、体、美、劳全面发展和终身发展的育人制度。教育工作不能停留在专业知识的传授上，而应更注重学生专业技能和思想素质的全面性发展，最佳的开展方式则是在专业课程中融入课程思政元素，翻译课程也不例外。党中央特别强调教育中的“大思政”格局，更注重学生价值观的塑造。在课程教学中加强思政教育，就必须将课程思政元素融入教学环节。翻译课程务必顺应教育形势，在教学实践中整合课程思政元素十分有必要。

（三）翻译教学过程中课程思政元素的融入路径

1. 正确地处理专业教学目标和共有教学目标的关系

翻译课程的教学目标主要是从以下三个方面展开：①英语语言的工具性；②英语语言翻译的过程及方式；③情感抒发和价值观。在翻译教学中融入思政元素，专业目标在于学生对英语这一工具性语言的综合运用能力、文化交际能力的培养；而情感审美情趣及价值观是大学翻译课程同思想政治课程的共同教学目标，其实质则是将课程思政元素融入翻译教学中，从而有效地推进翻译课程思政教育工作。该教学模式将翻译课程作为载体，侧重于学生人文素养、职业素养、文化理解、意志品质等的提高。

从客观来看，课程思政融入翻译课程，不仅注重学生语言翻译技能的培养，而且注重其情感抒发和价值观的培养，这两个教学重点有机结合可实现同步发展；从主观分析，在翻译课程中，教师需将专业目标的完成作为载体，以此为基石，引领学生实现思政教育目标。教师在翻译课程的教学实践和翻译资料的搜集环节，应寻找融入课程思政元素的相关资料；在启发式教学的支持下，立足于思政视角开展大学翻译教学；从思政视角展开对翻译这一语言活动的升华理解。这是实现专业目标及翻译和思想政治共同目标的重要路径。

2. 提升翻译教师的思政教育意识

在开展教学工作的过程中，教师是引领者。课程思政元素要想实现和大学翻译课程的完美契合，则需要在教师层面强化“教育者先受教育”的观念，教师要有意识地挖掘所教课程中所蕴含的思政元素的广度、深度，以及有机融入课堂教学中的有效度。每一位教育者要做学生的引路人，主要体现在以下四个方面：锤炼学生的品格；引导学生学习知识；开启学生的创新思维；增强学生奉献祖国的意识。此外，还需要加强英语翻译教师的师德师风建设，把翻译教学和育人统一，把言传和身教统一，把潜心治学和关注社会统一，把学术自由和学术诚信统一。如此，才能真正增强大学翻译教师的思政教育意识，教师也会通过不断学习思政教育知识来完善自我。

3. 充分挖掘英语翻译专业课程教材中的课程思政元素

英语翻译课程的建设，需将专业课程中的课程思政元素和思政功能纳入课堂教学实践中，从而实现知识教育和社会价值的相互渗透、相互间潜移默化的影响，产生合力效应。要想在大学英语翻译课程中充分发挥思政作用，必须精心筛选英语教材内容，还要做好讲解引导工作。具体可从以下几个方面着手。

第一，做好英语翻译教学实践的组织工作。例如，在教材中的课前热身以及课后练习环节，教师可融入有关问题的讨论活动，带领学生对中华优秀传统文化进行更全面的认识和了解，进而使学生的文化自觉和文化自信得以有效培养。

第二，在课堂教学中应利用辩证思维向学生讲解西方民主文明，让学生了解到隐匿在西方文化中的虚伪、欺骗及对社会的危害。例如，在讲解"英国国家国情"相关内容时，特别是英国近代社会发展中北爱尔兰的社会冲突，教师可带领学生一同进行相关资料的收集，针对近代史上英国发展扩张历程予以讨论，英国发展壮大历程中的殖民侵略，还有西方宗教固有的极端排外性，直至今天还依旧存在的冷战思维和干涉主义等。还有在学习教材涉及美国治国政策中的"三权分立，权力制衡"时，可引入美国的政治事件，如奥巴马和特朗普两任政府补选最高法院大法官及特朗普蓄意强行建立美墨边界隔离墙，就这一事件中的政策权力执行进行分析。该政策很明显造成了立法、政府、司法机构间的责任不明确，因而引发社会矛盾，甚至三者间产生了恶意对抗现象，这种体制明显是西方文化中的败笔。

4. 组织英语翻译专业"本土文化"

建设弘扬中华优秀传统文化是国家发展战略中的一环。随着这一战略的深化实施，英语翻译专业人才的培育也应与国家这一发展路线契合，同时传承中华文化，以满足社会新形势下对高素质英语翻译社会型人才的需求。所以新编映射中华民族优秀历史文化的英语翻译教材内容势在必行。基于经济全球化的社会背景，英语作为国际交流语言工具，因其诞生于西方，所以自然会携带大量的西方文化和价值观。部分学生会因对这一语言的热爱逐渐被其中所蕴藏的某些西方文化误导，从而致使民族文化弱化，更有甚者产生崇洋媚外的行为。有鉴于此，国际性语言工具学习教材中加强"本土文化"建设是最好的解决办法。

5. 打造课程思政"第二课堂"

强化实践育人"第二课堂"的打造形式有两种。

一是，信息时代的到来促使教育方式发生了极大的变化，因此可借助互联网的支持进行"第二课堂"的打造。例如，教师的课堂讲解及相关文字资料的解读，很难让学生了解到中华优秀传统文化，那么教师可让学生在课后观看中华优秀文化的相关电影，通过具体情节让学生更好地吸收民族文化，使课程思政教学实践的目标得以实现。

二是，社会实践教学是课堂教学的延伸，可更好地调动学生的感官，有利于文化知识的吸收。例如，在大学翻译课程中提及某一历史事件或具有价值的文物时，教师可带领学生去相应的博物馆实地参观，促使学生认识得更加透彻。

第二章　中西翻译理论的发展历程

翻译是随着人类社会进程的发展应运而生的，我们可以把翻译看作是世界文化融合的产物，是人们想要迫切了解各个国家文化的一种途径，翻译对人类社会的融合起到了积极的作用，对中西方文化的交流也具有促进作用。本章主要分为中国翻译理论的发展历程和西方翻译理论的发展历程两部分，主要有当代中国翻译理论概述——引入、继承与融合，中国特色翻译理论——回顾与展望，西方翻译理论，西方翻译理论的发展历史，西方翻译理论的代表人物，西方翻译理论的发展和展望。

第一节　中国翻译理论的发展历程

一、中国翻译理论研究的百家争鸣

中国是一个拥有悠久翻译研究史的国家，20 世纪 30 年代，我国文学翻译家董秋思首次使用“译学”这一词语，并将翻译研究定为一门科学，在 80 年代召开“中国首届研究生翻译理论研讨会”和“全国翻译理论研讨会”之后，我国的翻译学如雨后春笋般的气势继往开来，也取得了一定成就。

在中国翻译学不断发展进步的背景下，一些研究翻译学的学者开始探究中国的翻译学理论可不可以构建成体系并且发展成为一门学科。针对这个问题，我国的一些学者各自给出了不同的观点，郭建军指出，中国传统的翻译大多是依靠经验总结出来的，在现在的条件背景下，并不能成为专业的翻译理论体系；杨晓荣也谈到，研究翻译学的学者，是想把翻译学往深了研究，以此构成一种理论体系，中国的翻译研究不仅不善于总结理论，而且更不能深入地研究，因此也创建不了什么流派；但蓝红军却与上述两位学者的观点相反，他通过研究中国近 30 年翻译学理论取得的成就认为中国翻译理论体系的构建并非没有可能；道格拉斯·罗宾逊教授也表达了自己的观点，他认为衡量翻译学术发展质量的第一标准并不是系统性体系，他还表示人类要接受不完美结构的存在，因为世界本身就是不完美的，我们要允许多样性的存在。

（一）横向引入

“横向引入”这一模式的发展背景是20世纪80年代，许多西方先进的文化翻译理论不断传播到中国，不仅如此，很多学术会议和杂志期刊也刊登西方的翻译理论，这在中国引起了强烈的反响。

随着我国加大改革开放的力度，中国的翻译界学者踊跃深入学习国外先进的翻译理论，并对本国的翻译实践进行全方位的讨论研究，把西方先进理论与中国实际进行完美结合，这两者相互作用、相互影响，在实践中可以提高理论认知，反过来，提高的理论认知又能更好地指导实践，在横向引入这一方面，中国学者的突出贡献体现在第三类西方译论著述上。

西方先进的翻译理论中属奈达的动态对等论在中国最广为流传，他的基本思想是“翻译是母语与第二语言的无缝切换，要求意境相近、风格相近，翻译者文学造诣应高度对等，否则就不能完成这项工作”，中国学者金隄持相反的观点，在“效果”等方面，他有不同的思考。

金隄持有的观点是，翻译的“效果”是翻译者的“感受”，是翻译者自身对翻译的理解，并不是奈达所说的“反应”，“反应”包括行动，翻译信息对翻译者的作用、行为是不一样的，因为外部环境和个人因素都可以影响翻译者的行为，所以“反应”不应该是翻译的目的。

（二）传统继承

在中国历史上，传统译论已经发展了几千年，虽然没有系统性的理论著作，但其思想源泉主要是吸收中国传统哲学、美学和文学，翻译的思想都集中体现在哲学、美学、文学与诗学著作中。

在哲学上，中国的翻译家和学者深受儒家、道家和释家思想的影响，在这三种思想的影响下，他们逐渐形成自己的思维认知，通过自己的个人经验、个人实践最后作用于内省的思维模式。当代，朱纯深运用太极道家哲学的观点，认为翻译是两种语言之间的自由切换，根据译者的经验、实践和深刻的意境理解，完成两种文字的完美替换，使之在意境中更贴合母语。每个学者都有自己不同的观点，正所谓“万变不离其宗”，无疑中国传统古典哲学深深影响了中国学者的思想。

在美学上，刘宓庆把翻译美学带入到翻译理论体系当中并论述了翻译美学的定义、规律和范畴，席蕊的观点是中国传统的哲学观念深深影响了翻译美学的观念，钱钟书的“化境”思想就深深受到中国传统哲学观念的影响，此外，中国翻译美学的三大特点是模糊美、音形意的对称美、对美的整体感知，在这三大特点中无一不透露出中国传统哲学的美感。

（三）平行融合

随着翻译理论研究逐渐平行融合，随之而来的是各种“转向”的出现。这其中包括技术转向、社会学转向和心理学转向。

在技术转向上，随着科技水平的飞跃发展，翻译技术也发生了质的改变，人工翻译逐渐被机器翻译所取代，云技术翻译更是把现代翻译技术推向了高潮，机器和技术翻译模式的运用代表翻译技术发生了转向。运用机器和技术翻译的优点是为翻译工作者提供了便捷，创造了高效的工作效率，为翻译工作者带来了利益；缺点是机器和技术翻译显得太过生硬，上下文衔接不流畅，不能翻译语言的真实意思，这样翻译未免太过于生搬硬套，毫无生气可言。在当代，翻译工作已经从人工翻译转变为人工和技术相结合的翻译方式，学者们研究翻译理论的方向也发生了改变。

在社会学转向上，王洪涛和付敬明持有不同的观点。王洪涛认为社会与翻译的相互作用是社会翻译学的研究对象，社会翻译学应准确客观的反映与社会之间的关系；付敬明反对这一说法，他认为，社会学角度的翻译研究并不是翻译学加社会学，而是要注重怎样解决翻译本身的问题，翻译问题不要强加在社会问题上，这样会混淆本质问题，对学者翻译文学作品产生害处。

在心理学转向上，中国的学者在翻译者自身心理活动和翻译过程的探索两方面有不同的见解。其中，颜林海认为双语加工模式和心理词汇提取等是翻译心理学研究的主要方向；吕航认为翻译涉及很多的心理活动，只有把心理学研究和翻译探究结合在一起，翻译研究才能向更高的阶段发展；王柳琪、刘绍龙巧妙运用符号加工范式完成了翻译过程中的信息转换。

中国译论的发展具有感性特征，在引进西方翻译理论的时候，要“去其糟粕取其精华”，好的东西我们要积极吸收，但也要与中国翻译理论的实际相结合；在发扬中国传统译论方面，翻译学者还要深刻理解中国传统文化，把传统文化与先进理论体系进行有机协调；在学科融合方面，翻译研究者要找到让各学科互补和适用的方法，用以解决跨学科翻译中出现的问题，中国学者应该承担起发扬中国翻译的责任。

二、中国特色翻译理论：回顾与展望

在国家大力提倡理论自信与文化自信的大环境下，中国特色翻译理论建设显得尤为重要与迫切。中国特色翻译理论指的是基于中国传统哲学、美学、文论等学术话语资源发展而来的翻译理论，国内学者提出的文章翻译学、和合翻译学、大易翻译学等是其典型的样态，理论构建遵循“本位观照，外位参照；古今沟通，中西融通”的基本原则，具体方法视研究对象与研究目的而定。中国特色翻译理论具有广阔的发展空间，除广为人知的信（达雅）、神（似）、（化）境之外，其他如道、气、诚、本、和、韵味、阴阳、自然等重要哲学、文论范畴还有待深度引入翻译研究之中，但也面临着志士难寻与方法论层面的发展困境。我们唯有扎扎实实地做下去，才有望在国际译坛上发出自己独特的声音。

中国特色翻译理论或中国特色翻译学的提法由来已久，若从 1986 年桂乾元在《中国翻译》上发表的《为确立具有中国特色的翻译学而努力——从国外翻译学谈起》算起，至今已有三十多年的历史了。这三十多年里，国内翻译学从艰难诞生到迅猛发展，中国特色翻译理论（学）的提法也引发了很大争议，有人倡导，如罗新璋、刘宓庆、孙致礼、张柏然、潘文国、何刚强、刘敬国、贾文波、方梦之等；也有人怀疑，如王东风、张南峰、朱纯深、谢天振、穆雷等。最近几年，还会经常看到呼吁和提倡中国特色翻译理论（学）的，其中潘文国用力最勤，成果也很有代表性，尤其是他提出的“文章翻译学”，不失为中国特色翻译理论的一个典型样态。

（一）中国特色翻译理论：范围界定与生成土壤

中国特色翻译理论有时也被称为中国特色翻译学，两者经常混用，在本书中我们暂且认为前者是后者的初级阶段，只有中国特色翻译理论成气候了，得到极大发展与丰富了，中国特色翻译学才有可能得以确立，否则很有可能只是一句空洞的口号而已。所谓中国特色翻译理论是指基于中国传统理论和思想话语资源发展而来的翻译理论，这里的理论有时更多指的是一种理论话语或翻译思想，不见得具有系统化的特征。

还有一种倾向是把具有独创性的学派或理论流派也称为特色理论，有时则冠以国别特色。所谓“特色来自独特的不同凡响的理论魅力”。我国也有一些原创性翻译理论初具学派特征，如胡庚申的生态翻译学、谢天振的译介学、黄忠廉的变译理论、周领顺的译者行为批评、吕俊的建构主义翻译学、许渊冲的文学翻译理论等。这些翻译理论目前未必得到国内学界的一致认同，大多也没有走出国门，但它们的独创性是毋庸置疑的。不过除了许渊冲的“美化之艺术，创优似竞赛”之外，其他都不属于本文所谓的中国特色翻译理论的范畴，因为其立论基础不是中国传统的理论与思想话语资源，我们不妨称之为中国学者提出的独创性翻译理论。在这些学者看来，中国特色翻译理论还包括一些国内其他学者独创的翻译理论，如谢天振的译介学等。还有一种观点把中国当下的学术研究热点视为中国特色翻译学（理论），学术热点随时代而变化，将其视为特色理论未免有点牵强。判断一个理论是否属于中国特色翻译理论，主要看其立论基础是否源自中国传统思想与理论话语资源，整体上是否具有较强的中华文化基因。

在推动我国翻译理论创新、发展的道路上，何刚强的观点是：中国是一个古国，有很深厚的文化传统，学者在做理论研究的时候，不要一味地借鉴国外理论，我们要做到文化自信，这样说的依据是三个传统文化——文字文化传统、哲学思维传统与艺术表现传统，有这样优秀的传统文化，理应在世界翻译理论中占有一席之地。这三个传统也基本上囊括了中国特色翻译理论的生成土壤。中国传统译论是基于传统哲学美学的，所以中国传统译论是中国特色翻译理论的有机组成部分，对其进行现代转换是发展中国特色翻译理论的有效途径之一，王宏印的专著《中国传统译论经典诠释——从道安到傅雷》在这方面作出了可贵的尝试，也颇有影响。张柏然在解释中国特色翻译理论的“中国特色”时论述了四点，很大程度上也印证了其立论的依据，具体包括以下几点。

①中国人需要用自己的方式与风格来理解中国特色翻译理论，在翻译文学的时候，我们要有自己的思考与认知，不要盲目借鉴国外的观点。

②中国学者们要重新找回古代传统翻译理论，在那里找到精神方向，汲取中华文明的译论成果，激发它们生命的活力，给新译论增添新生命。

③中国的翻译不要仅拘泥于理论层面，要真正把我国与外国的翻译实践联系起来，继而形成我国新的翻译理论。

④我国骨子里大一统的思想根深蒂固，这样就形成单一化的理解，这种思想作用于翻译理论中，只要我们勇于创新，翻译就能朝着多样化方向发展。

第一点中“中国人自己的目光、观点与理解”也不妨理解为中国传统的理论话语资源，其中包括了中国人的言说方式和思维模式；第二点显示了对中国传统译论的重视，包括对其进行现代转换；第三点说明了中国特色翻译理论的问题意识与目标指向，也就是在借鉴与利用中国传统理论话语时要有强烈的问题意识，与当下翻译实践相结合并对之进行解释，不能为了借鉴而借鉴，更不能为了装点门面；第四点强调中国特色翻译理论本身或形态是多样化的，这就告诉我们，对中国传统理论话语资源而言，只要可资利用，具有潜在的学术价值，我们就要学会使用，善于使用，使之为中国现代译论建设服务，成为现代译论话语的有机组成部分。

构建中国特色翻译理论，我们可资利用的资源具体包括：

①中国传统译论资源，继承与发展传统译论的主要途径便是对之进行现代转换，陈大亮构建的文学翻译的三种境界—译意、译味和译境，就是比较典型的现代转换。其他如学界对“按本”“五不翻”“八备”“善译”“信达雅”“硬译”“神似”“化境”等进一步的诠释与建构。

②中国语言文字（包括传统小学），基于汉外语言对比，提出翻译的对策论，或针对汉外语言差异，总结翻译过程中的一些规律，使之上升到理论的高度，如基于字本位的翻译观、翻译实践中的虚实转换以及形合与意合机制等。

③中国传统哲学资源，包括其致思对象（如人生、伦理）、致思方式（如直观、喻化）、术语体系（如道、仁、义、礼、智、信、诚、性、心、理、和、有无、阴阳、中庸、自然）等，这要求我们对中国不同的哲学流派及其历史的继承、变异与发展有清醒的认识。

④中国传统文论（修辞）资源，古典文论离不开哲学，很多话语源自古典哲学，但在文论中往往具有自身的含义，也不妨认为古典文论是建构中国特色翻译理论最丰饶的土壤。中国古代文论的基本范畴，如气、神、韵、境、味，对中国传统译论的影响是非常深刻的，但这些都仍需进一步挖掘与开拓。其他文论范畴也是如此，值得开发的空间也很大，如文质、清浊、隐秀、虚实、自然、意象、情采、境界、通变、事理等。值得开发的文论资源还包括一些重要命题，如“诗言志”“诗缘情”“以意逆志”“立象以尽意”“文以气为主”“修辞立其诚”等。

⑤中国传统画论、书论、功夫（武术）理论等，书画理论中的核心术语与文论中的相差不大，如形神、虚实、造意、谢赫六法（即气韵生动、骨法用笔、应物象形、随类赋彩、经营位置、传移模写）等；功夫文化中的思想与术语也值得借鉴，如整体观、阴阳变化观、气论、形神论、动静说、刚柔说等。

总之，中国特色翻译理论的生成土壤与可资利用的话语资源极其丰饶，如何合理地开发则需要我们认真思考。

（二）中国特色翻译理论：代表人物与典型样态

提倡中国特色翻译理论（学）的学者很多，有提倡呼吁的，也有扎扎实实做研究的，如许渊冲、罗新璋、刘宓庆、张柏然、张佩瑶、桂乾元、陈福康、潘文国、何刚强等。中国翻译理论发展迅速，尤其是近20年。2000年之前谈中国特色翻译理论或中国特色翻译学，很有可能局限于学理上的探讨，除已有的中国传统译论之外，实际上的体系化成果还比较罕见。如今国内已经出现了一批典型的学术成果，完全可以纳入中国特色翻译理论体系的范畴之内，如潘文国的文章翻译学、吴志杰的和合翻译学、陈东成的大易翻译学、张俊杰的中庸诗歌翻译观等，其他零星的中国特色翻译理论也有很多，研究空间非常广阔。

潘文国是近些年提倡中国特色翻译理论（学）的旗帜性人物，并基于中国传统文论话语资源（文章学）提出了文章翻译学，属于中国特色翻译理论的典型样态。其主要观点表现在以下几个方面：①在翻译文学作品之前，要先学习做人，只有懂得做人，才能创作出好的作品；②不区分文学与非文学翻译；③重文采；④重“气”。

文章翻译学主要基于中国古典文论资源，对文章（包括译文）的崇高地位以及文章的神气与文采特别重视，目前还处于起步阶段，潘文国有开创之功。后续研究的空间也非常大，仅一部《文心雕龙》就能生发出很多具有中国特色的译学论题，清代唐彪的《读书作文谱》也极具启发价值，很多观点与命题可直接或改造之后移植到翻译研究中，感兴趣的学者也不妨积极介入。由于文章学涵盖面很广，话语资源异常丰富，又与翻译学密切相关，所以潘文国认为“离了文章学去谈中国译学传统，只能是隔靴搔痒；抛弃文章学去建立‘中国特色’翻译理论，也只能是无源之水”。笔者深以为然，文章翻译学大有可为！

张柏然是中国特色翻译理论的另一旗帜性代表，发表了很多纲领性的文章，集中体现在他和辛红娟合著的《译学研究叩问录——对当下译论研究的新观察与新思考》上，里面有很多相关论述。

张柏然还特别注重对相关人才的培养，带领诸多博士生致力于中国特色翻译理论研究，取得了不俗的成绩，其中吴志杰便是一个杰出代表。吴志杰基于自己的博士论文出版了《中国传统译论专题研究》，论述了意、诚、心、神、适五大话语体系，涵盖了翻译的本体论（意的流变与转生）、翻译的伦理学（以诚立译）、翻译的认识论（心思维）、翻译的美学攻略（以神驭形）和翻译的文化生态学（适译），为进一步探索中国特色翻译理论奠定了基础。

基于该著以及张立文提出的和合学，吴志杰2018年又推出了新著，这些新著融合了和合学的精华（和合观），提出了和合翻译学的一些理论模型，包括和合翻译学的结构模型以及翻译过程、翻译属性、译者修养、翻译评价与鉴赏的理论模型，思考更加深入，不失为从中国哲学话语资源来建构中国特色翻译理论的一次可贵尝试。基于中国传统和谐思维与和谐文化的和合学对翻译研究的启发值得继续深挖下去，吴志杰开了个好头。

陈东成提出的大易翻译学也是中国特色翻译理论的典型样态，同样体现了中国传统哲学在翻译研究中的运用。大易翻译学基于易学原理，对翻译含义（生生之谓译）、翻译本质（文化交易）、翻译标准（太和）、翻译原则（求同存异和守经达权）、翻译方法（阳译和阴译）、翻译审美（如立象尽意、止于太和）、翻译伦理（如修辞立诚、以利和义）等都有所思考。

开发本土理论与思想话语资源是构建中国特色翻译理论的有效途径，也是与国际翻译学界交流与对话的重要资本。其他如张俊杰的专著《试论中庸诗歌翻译观的构建——以王维诗歌英译为例》也是开发本土思想资源的一次积极探索，基于古代中庸哲学思想，把“至诚”原则视为诗歌翻译的伦理追求，把“中和美”视为古典诗歌翻译的审美标准，把“用中”视为古典诗歌英译的策略与方法。作者还将亚里士多德的“中道观”以及海德格尔的“之间”等西方学术思想与中庸观进行了比照与阐发，一定程度上体现了中西融通而又不失本色的治学思路。

我国港澳台地区的一些翻译学者对中国传统哲学思想也有一定的借鉴，个别也颇具中国特色。香港学者张佩瑶根据太极文化或者说是阴阳哲学，提出了翻译“推手”理论。为了纪念已故的张佩瑶（Martha P. Y. Cheung）教授，道格拉斯·罗宾逊（Douglas Robinson）教授主编了《翻译推手及其理论》（The Pushing-Hands of Translation and Its Theory）的论文集，里面收录的文章很大程度上丰富与发展了张佩瑶所提出的翻译“推手”理论，包括实际应用和理论应用两个层面。其中张佩瑶的翻译史研究的“推手”隐喻旨在促成过去与现在的对话，提供一种与当下人文研究典型的二元对立思维不同的路径。

另外，朱纯深从太极推手、浩然之气和纯语言等方面论述了翻译的阴阳诗学，包括翻译作为功夫、推手中的“听劲”（感知对方之气的起伏节奏）、孟子的“浩然之气”与“以意逆志”、翻译作为两种语言间的推手、以信息焦点作为推手接触点的翻译以及从太极哲学来理解本雅明的纯语言等。“推手”这个概念在翻译研究中的应用潜力还是很强大的，不过还有待深入挖掘中国传统哲学思想（尤其是道家），同时比照西方相似的哲学思想与理论资源，以“推手”为基点建构具有中国特色的翻译“推手”理论。该论文集是一次可贵的集体探索，同时也为中国特色翻译理论走向国际舞台提供了借鉴。

西方的一些学者也受到中国传统文化的影响，提出了具有中国特色的翻译理论。比如道格拉斯·罗宾逊的专著《翻译之道：中西会话》（The Dao of Translation：An East-West Dialogue）就使用儒道思想来研究翻译，并与西方的符号学进行对话，探讨促成翻译的“神秘力量”（翻译之道），促进对翻译过程中习惯与惊奇（habit and surprise）之间张力的理解。虽然这部专著并没有建构出典型的理论形态，但作者的思想是深刻的，其积极开发中国传统哲学思想并与西方现代理论展开对话的尝试值得我们借鉴。

（三）中国特色翻译理论：构建原则与发展困境

关于如何构建中国特色翻译理论，学界也有所论述，并提出了一些重要原则。潘文国说过，他很赞成一种说法“立足当前实践，继承中国传统，借鉴外国新知，发展中国学术”，认为“这才是中国学术发展的根本之路”。刘宓庆提出了译学研究的“本位观照、外位参照”的指导原则。张柏然、辛红娟在《译学研究叩问录——对当下译论研究的新观察与新思考》的“前言”中写道：“我国译论建设应该‘坚持本来，吸收外来，面向未来’，亦即以本民族的文化和译论资源为依托，古今沟通，中西融通，打造具有中国特色、中国风格、中国气派的翻译学话语体系。”

由此可见，强调中国特色翻译理论的“三驾马车”——张柏然、刘宓庆、潘文国，都强调了自我文化本位观，同时也强调要积极借鉴和充分利用异域之外位文化。有些学者怀疑或反对中国特色翻译理论（学）的提法，认为其有可能使国内译学研究“陷入狭隘民族主义的泥坑”，或者认为其乃“大汉民族主义的产物”。其实这种担忧是没有必要的，毕竟中国特色翻译理论并不排外，只是其更加强调对中国传统话语资源的利用罢了，这也是文化传承的一种表现。

结合张柏然、刘宓庆等对中国译学理论建设提出的指导原则，不妨把中国特色翻译理论的构建原则概括为“本位观照，外位参照；古今沟通，中西融通”。本位和外位的问题其实也就是如何看待中西的问题，其中的本位指“彻底抛开‘以西律中’的陈见，真正立足中国本土，发掘本土资源，寻找中国话语，在平等的基础上与世界对话”。

中国传统话语资源是构建中国特色翻译理论的基石，没有这个基石，也就无所谓特色了。同时还要善于汲取西方的话语资源和思维方式，对中国传统话语资源进行修补或改造，也包括中西话语资源的相互阐发，使其更具现代理论的体系化特征，更能描写与解释当下的翻译现象，从而真正实现“古今沟通，中西融通”。如中国古代具有丰富的文章学话语资源，我们完全可以结合西方的语篇语言学、文体学、叙事学、修辞学等学术资源对之进行更新和改造，然后再运用到翻译研究中。这通常会涉及对中国传统理论话语资源的双重转换问题：第一是把中国古典资源现代化，使其内涵在当代语境下得以丰富与发展；第二则是把现代化之后的理论话语资源运用到翻译研究之中，也不妨对之进行有针对性的二次改造，使之在理论上更具解释力和指导性。

我们还可以把中国传统思想与话语资源直接移植到翻译研究中，如文章学中的气、神、韵、情等相关话语，由于翻译本质上就是一种写作，翻译就是做文章，所以直接运用到翻译中也还是行得通的，只要在翻译语境中赋予其新的内涵即可。在构建中国特色翻译理论的过程中，对翻译实践也要持双重视域，同时观照历史上与当下的中西翻译实践，基于实践建构理论，或者用构建出的译学理论来描写与解释相关翻译实践。实践是理论的源头活水，只有基于实践，理论才会更接地气。

中国特色翻译理论研究在国内虽取得了一些重要成果，如上述的文章翻译学、和合翻译学等，但总体上还是不成气候的，离中国特色翻译学的构想还有很大的距离，目前仍然面临着一些发展困境，尤其是缺乏对之感兴趣并能胜任的青年学者。基于中国传统话语建构中国特色翻译理论需要对中国古典哲学、美学、文论等比较熟悉，但传统知识体系是绝大多数外语学者的短板，虽然很多人知道这是一个极具价值的系统工程，对之也颇有兴趣，但往往会望而却步或心有余而力不足。

其实这种困境不仅和中国的教育体制有关，对古文、古典文化不够重视，导致绝大多数（外语）学者的国学素养不高，也和中国当下急功近利的学术评价机制密切相关。试想又有多少人真正愿意去坐冷板凳，致力于古典话语资源的补习与研究，十年磨一剑呢？所以中国特色翻译理论建设急需一批有情怀、有担当、有毅力、有勇气的学者来共同完成，尤其是青年学者。我们不奢望每个翻译学者都从事中国特色翻译理论研究，但这方面的尝试与努力至少是应该得到鼓励的。潘文国也说过，“怎么正视、发掘、继承中国的学术传统是当前最困难的事”。

在经历了几十年的理论发展之后，中国外语学者对西学与西方学术话语资源往往了如指掌，对自己的学术传统和话语资源反而相对陌生，这就很难真正做到立足本位，实现中西融通的治学理念。所以有意识地培养这方面的翻译学者是当务之急，张柏然的博士培养理念就为我们树立了很好的榜样。但有了致力于中国特色翻译理论建设的学者队伍，也只是解决了第一个困境，接下来的困境便是如何更好地继承、发掘、转换和利用中国传统话语资源的问题，也就是方法论层面的问题，这一步也很棘手。构建原则是宏观的、指导性的，构建方法则是具体的、操作性的，后者需要灵活应对，途径也比较多样，如直接移植、改造移植、隐喻同构、术语关联、历时演变、旧瓶新酒、中西比附等。方法的运用要根据研究对象与研究目的而定，或一以贯之，或多管齐下，不管采取哪种方法，都要保证理论本身对相关翻译现象的描写力和解释力，也包括对翻译实践的指导作用，避免出现两张皮现象，也就是所建构的理论体系与当下翻译现象和翻译实践相脱节。所以，寻找中国特色翻译理论的合理建构方法与途径也颇具挑战性，需要我们结合具体的研究对象和目标来慢慢探索，不过挑战也正意味着机遇。

（四）中国特色翻译理论：前景展望

对人文学者而言，文化传承是极其重要的，只有传承了民族文化的文脉，才有可能做到融会贯通，才能不失本色，创新发展的可能性也就更大。特色强调的是理论个性，但这并不排斥对翻译学共性的追求，中国特色翻译理论（学）并不是中国翻译学的全部，我们强调的是其流派属性而非学科属性。古人云，“同则相亲，异则相敬”（《礼记·乐记》），中国翻译学要赢得国际的尊重，就不宜步步紧随西方，朝相同的方向发展，而是要发展自己有特色的、有别于西方的译论话语体系，这样才有和他者对话的资本，才能在国际译学舞台上获取话语权，在新的历史时期，很多翻译学者意识到了建设中国特色翻译理论的必要性与迫切性，所以，重新思考中国特色翻译理论（学），提出建设路径，展望未来前景，谋求特色论题，也就很有必要了。

中国特色翻译理论建设不妨朝两个方向发展，即相对宏观的、系统化的、涵盖面较广的译学理论和相对微观的、操作性较强的、针对某个领域的译学理论。上述中国特色翻译理论的几个典型样态——文章翻译学、和合翻译学、大易翻译学等，都是比较宏观的，涉及翻译研究的方方面面。这些宏观的研究可以继续深挖下去，以充实和深化之，尤其是其中微观的话题研究（核心范畴），如文章翻译学中的气与体、和合翻译学中的诚与神、大易翻译学中的易与和等。其他如基于中国传统哲学、美学的翻译美学，基于中国传统文论的翻译修辞学等，也都有望发展成为具有中国特色的翻译理论。

在构建过程中也不妨参照西方的理论话语资源，刘宓庆的专著《翻译美学导论》就是这方面的尝试。该著遵循了刘宓庆提出的“本位观照，外位参照”的译学理论建构原则，探讨了中国传统美学（译论）的很多核心范畴与重要命题，如情与志、意与象、知与才、虚与实、隐与显、神似、化境、信达雅、文质相称、圆满调和、感同身受、畅与物游等，同时也结合了西方的一些美学或哲学术语，如直觉、完形、模仿、认知图式、视野融合等。刘宓庆强调中国特色翻译理论，但也积极向西方学习，使西方理论话语资源有机地融入自己的译学体系建构中，又不失中国传统文化的底色。这种导向是值得提倡的，中西融通往往会更有解释力，也一定程度上体现了中西知识的共性。所以中国特色翻译理论中的特色就是不失本色、有民族文化特色之意，同时鼓励对西学的借鉴与吸收。

中国特色翻译理论的宏观建构着实不易，需要深厚的国学素养与人文底蕴，并不是每个人都能胜任的。因而我们也不妨从微观入手，探索具体的翻译论题，一步一个脚印，为建设中国特色翻译学添砖加瓦。我国对文论资源的移植、借鉴与改造学界也有一些初步探索，如王宏印的从“文笔”到“译笔”，陈大亮从刘韶的“三文”到译诗的“三味”（译味），冯全功的从“创作个性”到“翻译个性”等，相关译学术语的提出皆源自中国古典文论，颇有民族特色。其他如马建忠提出的“善译”应该受刘向提出的“善说”的影响，严复的“信达雅”更是“文章正规”，此等皆有文论渊源。

其实我们完全可以把刘勰的“六观”说运用到文学（尤其是诗歌）翻译批评中，也不妨对相关术语进行改造，赋予其新的含义，与中西现代译论（文论）结合起来，以更好地为文学翻译批评服务。叶燮在《原诗》中提出的诗歌创作的“理、事、情”以及诗歌创作（批评）所需的“才、胆、识、力”也可移植到翻译研究中，以加深我们对翻译本质以及翻译批评的认识，丰富中国特色翻译理论话语体系。曹丕在《典论·论文》中的经典命题“文以气为主”也同样如此，完全可以作为文章翻译学的有机组成部分。这里的关键是如何界定气的所指（如气的物理属性、生物属性、精神属性、形而上属性）与次级范畴（如气韵、气象、气势、气脉、气息、元气、浩然之气），气的分类（如清浊之气、正邪之气）与表现（音节字句、叙事风格、思想内容）等。在翻译过程中，译者的任务就是守住与传达原文之气，气盛则言宜，《文心雕龙·风骨》中所谓“缀虑裁篇，务盈守气，刚健既实，辉光乃新”。鉴于气在文学作品（包括原文和译文）中具有类似于本体的地位，气在翻译过程中的盛衰变易（强化、等化、弱化）也值得深入探索。

童庆炳提出的中华古代文论的五大基本范畴，即“气、神、韵、境、味”，除了气学界鲜有探讨外，其他四个范畴都已被引入翻译研究，如“神似”说、

“化境”说、“韵味”说等，不过这些也都有进一步研究的空间，尤其是次级范畴的设置。刘士聪提出的文学翻译的“韵味”说就有三个次级范畴：声响与节奏、意境与氛围以及个性化的话语方式前言，很大程度上提高了“韵味”说的层级性与可操作性，值得借鉴。绝大部分中国传统文论是体验感悟式的，审美生命化的，充满了诗性智慧和生命意识，很多术语（如气、骨、体、神等）与人息息相关，这是古人的文章观，也就是把文章视为一个生气灌注的生命有机体，颇有特色与洞见。这些文论话语移植到翻译研究中也要注意体现这种有机整体观。

其他很多中国古典哲学文论话语在翻译研究中的应用也值得深入探索。传统译论中经常涉及“本”的论述（如“案本而传”“因循本旨”“贵本不饰”“趣不乖本”“五失本三不易”等），这里的“本”到底指什么，有没有翻译的本体论意义，在现代语境中能否赋予其多重意义，这些都不妨重新思考，尤其是在哲学层面。古典哲学中的“诚”在翻译中也大有用武之地，尤其是翻译伦理层面，不妨视为其核心概念。诚和信能否用主体间性、文本间性、文化间性等西方哲学思想对之进行现代转换，然后再运用到翻译研究中？冯全功对此做过初步探索，其底色与本色仍是中国的传统思想，也不失为一次“中西融通”的尝试。还有“和”，作为文论基本范畴“气、神、韵、境、味的共同民族文化之根”对翻译研究也极其重要，建立与实践和谐翻译观是中国特色翻译理论建设的要义之一。

“自然”也是中国哲学和文论的重要范畴，受道家哲学影响最大（“道法自然”“希言自然”），常被视为一种文章风格（刘勰在《文心雕龙·明诗》中有“感物吟志，莫非自然”之说，司空图在《二十四诗品》中把“自然”列为其中一品，苏轼也有“文理自然，姿态横生”之说）或一种画品、书品等（唐代张彦远在其《历代名画记》推崇自然，认为“自然者为上品之上”），“自然”有时还会指一种人生取向或精神上的追求（“越名教而任自然”），所以把“自然”移植到翻译研究中会很有价值，对传统译论中的“文质之争”也不无启发。刘宓庆曾论述过墨家思想对现代翻译学建设的重要意义，强调从发掘和重估中华民族文化思想资源的立场出发，以获取更多的理论活力和民族特色，很有洞见，可惜学界鲜有顺着这一思路继续研究下去的，这无疑与国内翻译学者的眼光和能力有关。除了儒家、道家和墨家思想外，名家的思想也值得引入，对意义与共识的产生颇有启发。由此可见，自家后院的富矿很多，还有待我们去深度开采。

在丰富与完善中国当代译论话语体系方面，中国特色翻译理论大有可为；在中国特色翻译理论建设的道路上，我们还任重道远。潘文国指出，“有没有中国特色翻译学不是一个理论问题，而是一个实践问题”，他把这里的实践理解为语言实践与中外翻译实践。其实也不妨赋予其第二层含义，也就是理论实践或者说对中国特色翻译理论建设的积极介入与深入探究。我们只有脚踏实地地去从事中国特色翻译理论研究，才能聚沙成塔，形成合力，当合力足够大时，中国特色翻译学也就水到渠成了，不然就很有可能流于口号，于事无补。

在国家极力强调理论自信和文化自信（自觉）的大环境下，我们有着前所未有的发展机遇，但也面临着巨大的挑战，挑战主要在于绝大多数翻译学者的国学素养有待提高，以及中国特色翻译理论建设的有效路径还有待深入思考。目前学界取得的一些典型成果，如文章翻译学、和合翻译学、大易翻译学等，为我们树立了榜样。在中国传统译论对外译介与传播方面，陈德鸿（Leo Tak-hung Chan）、张佩瑶等通过编译相关文献作出了开拓性贡献，我们也不妨把有代表性的中国特色翻译理论译介到国外，或者直接用英语著述，以不同的面目参与国际翻译学术交流与对话，在国际译坛中发出自己独特的声音。刘宓庆曾说，“哀莫大于失去文化自我”，我们必须站在文化战略的高度来对待翻译，中国特色翻译理论建设的两大战略任务便是于内扎扎实实做下去，于外一步一步“走出去”，内秀方能外显。

第二节　西方翻译理论的发展历程

公元前 1 世纪西方就已经开始研究翻译理论了，由此可见，西方国家在研究翻译理论领域方面是非常先进的，西方国家学者针对直译与意译两分法展开了激烈的讨论，首先，古罗马哲学家西塞罗发表的观点是：没有必要每字、每句相对应翻译，要把语言的整体意思用另一种风格的语言体现出来。多雷提出的“翻译五原则”和泰特勒提出的“翻译三原则”都是围绕两分法直译和意译进行讨论，英国诗人德莱顿推陈出新，创造了三分法即直译、意译和拟译，这种方法是对传统分类方法的继承和创新。

西方翻译理论一直以来都是众多学者研究的重点，近三十年来我国翻译界在研究翻译理论方面作出的成绩和贡献也离不开对西方翻译理论的学习和借鉴。本文在对西方翻译理论的发展和流派全面阐述后，对翻译理论的发展趋势进行了合理展望，旨在了解历史，展望未来。

一、西方翻译理论的发展历史

西方翻译同中国翻译一样，起源很早，源远流长，有长达2000多年的历史。最先有文字详实记载的翻译作品是公元前三世纪的《七十子希腊文本圣经》，由希伯来语译成希腊语。西方翻译理论学者是最早开始对翻译过程加以评论，形成了自己的翻译观，他们反对直译，崇尚意译，这样能够创造新词或引进外来词以丰富民族语言，并区分了口译和笔译的不同。第二大模式是哲罗姆的“二元”翻译观，把翻译分为了两种情况，翻译方法应文本而异采取直译和意译。再次是施莱尔马赫，他认为语言决定思维，主张从语言学和文学的角度探讨翻译。他从阐释学观点出发，认为译者需积极地、创造性地理解文本，冲破了经院哲学主义的束缚，为西方翻译理论注入新的活力。西方世界的其他学者也对西方翻译活动的划分，西方翻译理论家各持不同意见，难以统一，这些意见的不同也反映了学者们在研究翻译时角度的不同、着重点的差异以及受其他学科直接间接的影响。

从时间角度上来分析，西方翻译可以分为早期翻译时期、文艺复兴翻译时期、近代翻译时期、现当代翻译时期四个主要的时期。

（一）早期翻译时期

西方早期翻译是从罗马帝国的鼎盛时期到罗马帝国的灭亡，这期间经过了七百多年，并且出现了两大发展阶段。

第一阶段是古希腊文学第一次传播到罗马，进而促进了罗马文学的发展，也为后来古希腊文化在欧洲各国的传承奠定了基础。

第二阶段是西方各国大量翻译宗教著作，这与当时的社会环境有很大的关系，这时期，宗教著作的翻译数量逐渐超过了文学著作的翻译的数量，成了当时西方翻译的主流文化。

（二）文艺复兴翻译时期

14世纪末文艺复兴首先在意大利兴起，15世纪至16世纪传播至整个欧洲，文艺复兴影响着西方文化思想的变革，在世界史上占有不可撼动的地位，它引领了文化解放思潮的方向，是人类在世界文化解放运动的标杆。文艺复兴是对古希腊、罗马的文学、科学、艺术重新进行挖掘并发扬，它传播的主要是人文主义思想，经过一个世纪的发展，人文主义思想已经渗透到文学的各个方面，16世纪达到鼎盛并传播到其他国家。文艺复兴对翻译领域也产生了巨大的影响，翻译家们积极研究新的文学作品，并且将古代和近代的经典著作翻译成民族语言。这一时期不同国家翻译风格也迥然不同，下面将重点对德国、英国、法国这三个国家的翻译进行分析。

1. 德国翻译

在德国翻译史上最著名的就是伊拉斯谟（Desiderius Erasmus，1466—1536），伊拉斯谟的思想不仅对德国而且对整个欧洲都产生了深远影响。他非常擅长语言研究，并且在拉丁文学和希腊文学上很有建树，国外的学者非常支持他发表的关于文学和风格方式的观点。在文学作品上，最闻名遐迩的就是《圣经·新约》，这是一本希腊语著作，最享有盛誉的翻译作品是《旧约》，它的问世，轰动了整个欧洲，在《圣经》的翻译风格中我们也能看到《旧约》的身影，可见，《旧约》这本著作的影响力是非常之大的。伊拉斯谟翻译的风格特点是语言灵动优美，翻译非常到位。他对于翻译理论也做了详细的阐述，主要体现在以下四个方面。

①必须尊重原作，因为任何译本都很难译出原作的思想和语言。

②译者需具备丰富的语文知识，因为读懂原作品是翻译的基础。

③风格是翻译的一项重要组成部分，在翻译中要表现出希腊语的修辞手段，即如果原文是诗，那么就用诗进行翻译；如果原文是单词，那么就选择单词进行对应；如果原作选用的语言比较朴素，翻译的时候语言也应该朴素；如果原作的风格高雅，那么译文的风格也应该是高雅的。

④风格的性质还受到读者要求的制约。在翻译中如果遇到歧义，伊拉斯谟会选择在文中加注来进行解释说明，至于读者会选择用哪个，这由读者自身根据上下文决定。

2. 英国翻译

16世纪英国的伊丽莎白女王执政，此时，英国正处于政治、经济地位强盛时期，间接推动了文艺复兴运动在英国的兴起，继而许多英国的翻译家也开始翻译古典文学著作，针对学术的研究也进入了飞速发展的阶段，并且英国的翻译也进入了全面发展时期，与其他国家不同的是，英国翻译家们并没有局限于翻译理论，许多著作不是对原著进行翻译，而是对译著进行翻译，其中主要是对历史作品进行翻译，主要有尼克尔斯的《伯罗奔尼撒战争史》、萨维尔翻译的《历史》以及诺思（North）的《名人传》等。除此之外还有戏剧作品的翻译，最有名的是塞内加（Seneca）的作品。由于英国的翻译家并不是很多，因此也没有成就系统的翻译理论。

3. 法国翻译

16 世纪文艺复兴逐渐传播到法国，此后人文主义思想在法国达到了鼎盛，法国的翻译也在这个时期达到了顶峰。人文主义学者们投身于研究古典文学作品的大旗，将许多古典文学作品翻译成法语，但问题是翻译著作质量并不高，而且也没有流芳后世的经典著作，在这期间，还是有引领性人物的，那就阿米欧，他早年接受过古希腊和拉丁文学的教育，在这样的背景下，阿米欧开始翻译少量的古希腊、古罗马文学作品，阿米欧的翻译风格也有局限性，那就是过于追求和原著作一样完美，所以后人对他的评价更像是一位作家。他的成名作是《名人传》，其实这本书的内容不太多，他前后用 17 年的时间进行翻译，可谓呕心沥血，通过他的努力，这本著作翻译完成了，而且法国国王非常支持他的作品，为后世提供了翻译范本。阿米欧在翻译中，始终坚持以下两条原则。

①译者必须清楚、明白原作，在内容的转译上要下功夫。

②翻译的笔调应该是自然流畅的，不需要过多的修饰。

和前面的翻译家不同，他强调内容与形式、直译与意译的和谐统一。在这一原则指导之下，文字的运用上更注重大众化、朴素化，并且形成了独特的语言风格，对以后提高读者文学修养起到了极其重要的作用。

综上所述，西方翻译在这一时期的最大特点就是：各个民族语言的翻译呈现了均衡的发展，这说明西方翻译开始向民族语翻译转型。因此，文艺复兴时期是西方翻译史上的一个重要的转折点。

（三）近代翻译时期

西方翻译理论研究在文艺复兴的影响下，在 17 世纪至 19 世纪的两百年间达到了前所未有的高度，西方各国争相翻译原著作品，这一时期把西方翻译推向了顶峰，下面就对这一时期不同国家的翻译发展来进行研究。

1. 德国翻译

进入近代翻译时期，德国在翻译领域取得了令人瞩目的成就，18 世纪末至 19 世纪初这一时间段德国涌现出了一大批翻译学家和理论家，他们的出现，使德国在翻译领域更上一层楼，达到了德国翻译史上的巅峰，让德国成为欧洲各国争相研究的翻译文化、理论中心。这其中知名的理论家有歌德、赫尔德等，翻译家有席勒、蒂克、瓦斯等，歌德无疑称得上是德国最为卓越的文学家，早年对莎士比亚、荷马以及英国现实主义小说非常感兴趣，他还精通多国语言，在很大程度上对他的翻译工作提供了有力的支撑，他翻译的作品质量上乘，可以说是经典之作，对后世的影响也颇为深远。在翻译理论上，他对翻译问题的处理几乎可以呈现在他所有的翻译著作之中，概括起来主要可以归纳为以下三点。

①语言形态之间是相互交织的，不同语言之间是彼此相通的。

②任何翻译活动都可能是不完美的，但翻译是整个世界文学领域的一项最具有价值的活动，因此人们应该重视翻译。

③最适当的翻译应该是朴素无华的。

2. 法国翻译

16 世纪之后，法国的翻译并没有出现衰落，反而朝着多样化继续发展，法国翻译家结合理论与实践继续翻译的高潮，17 世纪法国出现了古典主义思潮，翻译家对大量的古典著作开始有序翻译，翻译方法的不同也引来了巨大的争论，翻译家们各有各的看法，有的翻译家认为要活在当下，可以对原著进行无限畅想；还有的翻译家的观点是应该侧重古典著作，翻译时要字字对应，而且要保证翻译准确。到 18 世纪的时候，法国翻译家开始翻译中国著作，19 世纪翻译西方当代文学作品，并把这些著作向世界各国人民展示。哪一个是 18 世纪法国最具代表性、最具影响力的翻译家，那无疑是巴特，他翻译过古希腊、罗马的经典作品，这给他的翻译理论提供了灵感，这些作品是他思想的源泉，为此，他把这些理论整理成一部书，名字叫作《论文学原则》，在这本书中他从语言技巧方面来论述翻译原则，论述的重点是语序的问题，同时，针对这一问题，他也总结出了一些方法，具体体现为 10 项原则。

①对于原作所说的事情（无论是推理还是事实）先后次序不能改变。

②无论原作句子的长短，应该保持其完整性。

③应该保留原作思想的前后顺序。

④副词应该出现于动词左右。

⑤应该保留原文中的语言形式与修辞手段。

⑥关于谚语，应该运用自然的语句翻译成谚语。

⑦如果对于某些词句进行解释，就不再是翻译了，而是评论，这一问题的出现与原文或者译文语言有关。

⑧为了满足意义的需要就必须放弃表达形式，保证语言的通俗易懂。

⑨应该尽可能用相同的篇幅来表达原文中色彩斑斓的思想。

⑩对于原文的思想在本质不改变的情况下，可以选用不同的形式进行表达，可以通过运用表达词语进行组合或者分解。

近代翻译时期的德国和法国翻译在西方翻译史是最辉煌的，这两个国家在这一时期出现了两位翻译巨匠，他们引领了那一时代的潮流，是那一时期的风向标，他们创造了历史，也改变了历史，有他们在的这一时期，总体上来说已经超越了前一时代，历史会永远记住他们，他们的作品是永垂不朽的。

（四）现当代翻译时期

西方翻译史因为第二次世界大战划分为两个翻译时期，战争前是现代翻译时期，战争后是当代翻译时期，一场战争把一个时代的翻译史都改变了，翻译时期不同了，翻译理论也发生了本质变化，在这一特殊时期，现代语言学也应运而生了，为翻译理论的现代化发展提供了理论模型，因此，翻译理论家注重的是源语和译入语所固有的语言结构的差别，二者存在着明显的对应规则。但是这一理论对实际的翻译效果并不明显，因为大多都是在表层进行。

1. 现代翻译

20 世纪以后，西方的发达国家相继进入了帝国主义阶段，各个国家间不仅经常发生战争，还相互争抢土地和财富，在长期的矛盾斗争中，终于引发了世界大战，在三十年的时间里发生了两次世界大战，在战争的背景下，翻译事业停滞不前，遭到了前所未有的破坏。在这样的背景下，有的国家的翻译道路却走出了自己的特色，主要有以下四个方面。

①对于古典作品的翻译，翻译家着重于译文的朴实、准确、通顺，而不再强调译作的优雅[1]。这一时期各国的翻译家们都打破传统的翻译模式，通通用朴实的语言将原著翻译成散文，而不是翻译成韵文，读者也可以不用看注释就能读懂文章，这种方式打破了之前的繁琐，给读者提供了方便。

②翻译的重点集中于对近代、当代文学作品的翻译。19 世纪末到 20 世纪初俄国和北欧的文学发展起来，诞生出了好多文学巨匠和戏剧家，他们的作品深受西欧、北美各国的喜爱，他们的思想也通过文学作品传到了千里之外，影响着西欧、北美国家的学者。

③开始频繁的翻译中国作品，出现汉学热潮。这一时期的西方的翻译家们醉心翻译中的作品，把中国的作品翻译成外文并传播到西方，他们翻译的作品有中国最著名的古典名著其中的三部名著，他们还翻译中国儒家经典著作，这些翻译家们翻译的作品受到西方读者的热烈追捧。

④苏联的翻译是独树一帜的。到了现代翻译时期，苏联的翻译后来者居上，

[1]　孙宝凤．英语翻译多维视角探究 [M]. 北京：九州出版社，2018.

成了西方国家中进步成就比较突出的国家，这一时期，翻译出现了新的特点，具体表现在：由于马克思主义在世界范围内的影响力，所以马克思主义理论是翻译理论和实践的依据；苏联是一个统一的国家，各个民族之间相互交流翻译思想，使国家整体的翻译水平取得了长足的进步；西方作品的翻译和出版已成体系；西方翻译家的共识是翻译要忠于原著，不要直译，而要了解作品的意思。

2. 当代翻译

到了20世纪中期西方进入了当代翻译历史时期，这个时期把西方的翻译水平推向了更高的层次，尤其是翻译理论，这么说的原因不仅仅是翻译理论研究的成果非常丰硕，而是翻译理论产生了质变。

随着二战的结束，各国进入了和平发展阶段，对科技研究的投入也越来越多，科技水平越来越高，翻译这个领域也被改变了，最重要的就是观念的变化，之前翻译这项工作一直是文学家、翻译家、哲学家的专属名词，现在普通人也可以从事这项工作，现在翻译对人们来说是一个学科和技术。可见，这一时期翻译理论得到了创新。当代翻译理论也呈现出以下两个特点。

①翻译研究融合到了语言学研究的范围，在这个框架之内会受到体系的制衡，也会受到信息的影响。

②之前学者们并不交流学问，现在不同国家之间的学者也会进行广泛交流，民间学术开始盛行，学者们能敞开心扉交流自己的心得。

（五）对西方翻译理论的展望

首先，西方翻译理论已从以语言学为主过渡到以文化为主，文化学派已经占据主流。二战以来，西方翻译理论蓬勃发展，西方翻译理论的发展不仅在数量上大大增加，也实现了“质”的飞跃，翻译研究不再译者经验的简单总结，它成了一门系统化的科学，拥有自己科学的理论依据和指导，推动了翻译学的探索和创新。更加注重翻译的文化意义，而非单纯的语言学意义。

其次，统计学等数学模式引进翻译学研究，为翻译学研究的科学具体以及教学提供了更多选择。许多关于经济财经报道和日常生活用语都有大数据的身影，具体说来，包括词汇使用的频率、句型的变幻以及篇章结构的组织等都可以以数据统计的数学模式呈现。根据数据统计，指导自己的翻译。

再次，文化新理论频繁用于翻译学，解释翻译中内涵的文化现象。“女性主义”“后殖民主义”“食人主义”以及时下热门的“生态批评主义”就被频繁用于解释文学作品中作者的翻译理念和现象，为翻译学研究提供了多种研究视角。这些理论的确开拓了人们的视野和翻译思维，使得译者站在一个更为高层次的文化视角和逻辑严密的数学统计视角来审视解释自己的翻译和翻译现象，不失为翻译理论的一大发展，也是未来翻译理论创新发展的一大方向。

在此着重阐述了西方翻译史的历史发展渊源以及西方翻译理论的划分，对西方翻译理论的发展史做了详尽的概括和描述。在总结特点的基础上，结合当前全球化的趋势，站在一个更为宏大的文化语境中，对西方翻译理论作出了科学的预测。在当今纷杂的国际形势面前，西方翻译史该何去何从，这是西方翻译理论研究者们首先要考虑的问题，西方翻译理论研究者们应更好地把本国实际情况和国际趋势相结合，继续发扬西方翻译理论研究的优势，使之永垂史册。

二、西方翻译理论的代表人物

现阶段大多数我国和西方学者都采用根茨勒的划分方法，把西方翻译理论分为三个阶段：古典译论、近代译论和现代译论时期。西方翻译史四大杰作中有三部都出现在古典译论时期，翻译大多是围绕宗教进行。西方翻译理论家认为翻译不能字当句对，必须按照译语读者的语言习惯，翻译要传达原文的意义和精神，而并非原文的语言形式，文学作品的翻译就是在创作，接近于交际翻译。贺拉斯和哲罗姆冲破束缚为后来的翻译研究提供了新的见解。

史学家把 17 世纪视为近代史的开始。在法国，翻译原则和方法的争论很是激烈。近代译论时期翻译理论集中体现在了两位翻译理论家上：德莱顿，作为西方第一位翻译理论家，德莱顿把翻译分为三大类：逐字翻译、意译以及拟译；第二位是泰特勒提。泰特勒提出的思想忠实、风格一致的三原则，对后来的翻译理论产生了积极的影响。阿诺德和纽曼关于翻译原则之争激发了活跃的学术氛围，激发了翻译理论的大讨论。德国翻译理论家进一步补充诗歌不可翻译，延续阿诺德和纽曼之间的学术争论。施莱尔马赫和洪堡主张翻译理论从语言学角度和文学角度探讨，理解文本应该是积极的行为。

美国的翻译培训派让翻译开始受到重视，这一流派的翻译理论虽有所进步和突破，但还局限于美学经验和某些指令性规则的讨论之中。翻译科学派翻译找到了科学的理论根据。早期翻译研究派主张通过即词的共时性与历史性角度来研究来保持文学性，来达到忠实原文的目的，译者应采取读者熟悉的文化和语言，引进了文学以外的元素，解构主义是对结构主义的一种颠覆。给予译者更多主观能动性，为创译提供了机会。在这一时期翻译理论方面取得了较大的进步，出现了西方史上第一个翻译理论家和第一部翻译理论著作，提出了可译和不可译的问题，在翻译研究的准确性上有了提高。

以上分析了西方翻译理论的发展历史，下面来探讨为西方翻译理论作出杰出贡献的一些著名翻译家及其翻译理论。

（一）泰特勒的翻译理论

说道英国历史上的翻译理论家就不得不提到一位重量级的人物——泰特勒，他之所以成为闻名的翻译理论家，是因为他的著作在西方理论史上有着不可磨灭的功绩，那就是他著述的《论翻译的原则》，这本著作在学术界引起了不小的轰动，他认为好的翻译作品在翻译的时候，要完完整整地把原著用另一种语言翻译出来，给读者提供透彻的理解感受是翻译的精髓，泰特勒提出了著名的翻译“三原则”。

1. 译本应该完全转写出原文作品的思想

翻译的核心是要理解原著，只有理解到位，才能翻译出更好的佳作，这就对翻译者提出了很高的要求，翻译者要精通古典文学作品，要有自己的理解，如果原著表达的意思不明了，不要一味忠于原著，和结合实际情况来翻译。

2. 译文写作风格和方式应与原文风格和方式属于同一性质

翻译者要从原著作者的角度考虑，如果原作者翻译译文要用哪些语言来表达自己对原著的理解。

3. 译本应该具有原文所具有的所有流畅和自然

泰特勒认为译者“必须既用原作者的灵魂，又以他自己的发音器官来说话”。这三个原则是非常重要的，在翻译的时候尽量以这个为准则，尽管这么说，但他也清楚原著的风格在翻译的时候不能被淋漓尽致地体现是正常的，但最重要的一点是不能丢掉原著的思想。泰特勒针对翻译者的能力和习语问题也表达了自己的观点，他认为：翻译者一定要有才华，最好和原作者相匹敌，这样才会有好的作品；翻译者在进行创作的时候最好不要使用和原著风格不相符或带有年代感的习语。

泰特勒提出的翻译理论在英国翻译史上享有崇高的赞誉，还在西方翻译史上有着不可撼动的领导地位，他的翻译理论不仅全面，而是涉及最基本的理论，通俗易懂，人们乐于接受。

（二）奈达的翻译理论

尤金·奈达这个名字享誉世界，他是世界翻译理论史公认的大师，他的身份除了是语言学家和翻译理论家，他还是现代翻译理论的奠基人，他的一生是极其忙碌的，理论成果也非常丰硕，他总共写出了四十多部著作，发表的文章多达二百五十多篇，而且他的作品质量非常高，阐述非常详细，这些作品都具有完整的系统性，他的成就在世界理论史都是极其罕见的。他的代表性专著有：《翻译科学探索》（1964）、《翻译理论与实践》（1969，合著）、《语言结构与翻译》（1975）、《从一种语言到另一种语言》（1986，合著）以及《语言与文化：翻译中的语境》（2001）等。奈达对翻译理论的贡献集中体现在以下几个方面[2]。

第一个提出“翻译的科学”这一概念，是“翻译科学说”的倡导者，正因为如此，翻译语言学派也被称为翻译科学派。奈达对翻译进行“科学”研究的标志是1947年发表的《论〈圣经〉翻译的原则和程序》。

奈达从社会符号学出发，论述了语言符号的相互依存性及对比意义，把符号的意义分解为“当下”“分析”和“综合”三个层次，具有极强的操作性。

奈达凭借其独特的观点创立了翻译研究的交际学派，他基本的理论体系是：译文是一种具有交际功能的语言，一旦译文失去这种功能，那么这种翻译就没有什么意义了，译者在原文与译文中所扮演的角色应该是对等的。

奈达对翻译的贡献很多，其中最家喻户晓的理论就是“功能对等”，它同时也是奈达翻译理论的核心，其主旨是：译者在翻译原著的时候不要死抠字面意思，而要达到在两种语言之间自由替换的境界。他的这一理论在西方翻译界引起了极大的反响。

（三）雅各布逊的翻译理论

美国学者对翻译理论作出的突出贡献是语言学家雅各布逊发表的《论翻译的语言学问题》，他的观点是具有创新性的，他首次把语言学、符号学带入到翻译学中，并从语言学的角度来清楚地看待问题。这是极富有创造性的想法，这篇文章是西方学者研究翻译理论的范本，他自成一派，创立了布拉格学派。雅各布逊将翻译分为三个类别。

语内翻译（intralingual translation）。所谓语内翻译，是指在同一语言内用一些语言符号去解释另一些语言符号，即通常的“改变说法”（rewording）。

语际翻译（interlingual translation）。所谓语际翻译，是指在两种语言之间即用一种语言的符号去解释另一种语言的符号，即严格意义上的翻译。

符际翻译（intersemiotic translation）。所谓符际翻译，是指用非语言符号

[2]　陈定刚．多维视角下英语翻译探索[M]．北京：中国纺织出版社，2017.

系统解释语言符号，或用语言符号解释非语言符号，如把旗语或手势变成言语表达。

上述三种分类方式准确地诠释了翻译的本质，完美概况了翻译的实质，这在西方翻译界是独一无二的，不止于此，雅各布逊还发表了很多实用的观点：精准的翻译是译者在原著中接收的感觉体现在译文当中；在翻译过程中词汇量不够，可以造词、借词和提供注释；翻译最难的问题是语法的问题，因为语法比较灵活，所以难以掌控。他给出的观点跨过了单纯的理论模式，已经升级到了意境模式，明确了翻译理论与实践的本质关系和两者之间的现状。

（四）卡特福德的翻译理论

卡特福德虽然是伦敦学派的代表性人物，但是世界各国人民特别是从事翻译理论研究的学者对他并不陌生，甚至非常崇拜他，他为何能得到世界读者的尊重，是因为他在 1965 年著述了《翻译的语言学理论》，该书详尽、全面、精准论述了关于所有翻译和翻译语言的内容，他的这本书奠定了翻译理论的发展地位，是经典中的经典，他本人也受到了世界读者的爱戴。卡特福德关于翻译的论述主要包括以下几个方面的内容。

卡特福德把翻译理论看成是应用语言学的一个分支，因此他将翻译定义为：一种语言（SL）的语篇成分由另一语言（TL）中等值的成分来代替。换句话说，翻译这个词本身就是指把一种语言转换成另一种语言的过程。

卡特福德独创了“转换（shift）”这一术语，并将“转换”区分为“层次转换”（1evel shifts）和“范畴转换”（categoryshifts）两种形式。

卡特福德依不同的标准对翻译进行了分类。以翻译的层次为标准，翻译可分为完整翻译（total translation）和有限翻译（restricted translation）；以语言的级阶为标准，翻译可分为逐词翻译（Word-for-word translation）、直译（1iteral translation）和意译（free translation）。

他在传统的研究方法上进行了创新，把自己对翻译理论的理解转化成理论成果，他不拘泥于传统翻译理论，大胆地进行创作，挖掘其他的理论可能性，这样的风格是独树一帜的，也是 20 世纪少有的原创性观点人才，单就这一点来说，他值得被人们永远铭记。

（五）纽马克的翻译理论

英国翻译理论界人才辈出，前有奈达、卡特福德，后有彼得・纽马克，在这期间英国没有出现青黄不接的局面，理论研究事业倒是日益蒸蒸日上，这对英国乃至翻译理论界都是好事，前两位前辈的翻译理论激发了他的理论思想，他的主要贡献是通过跨文化交际理论和现代语言学的研究成果运用到翻译研究中去，从而形成自己的理论思想。他的主要代表作是《翻译问题探索》(1981)、《翻译教程》(1988)、《翻译论》(1991)和《翻译短评》(1993)。在《翻译问题探索》中，纽马克提出了以下两个重要概念。

语义翻译(semantic translation)所谓“语义翻译”，是指译者只在目的语句法和语义的限制内试图再现原作者的语境意义。

交际翻译(communicative translation)。所谓“交际翻译”，是指尽可能地在目的语中再现原文读者所感受到的同样效果。

在1994年他又提出了新的翻译理论——“关联翻译法”，他意识到原先的理论有不足的地方，所以他继续研究补充新的理论，对于他提出的新理论，他的内容是：原著对于译者是极具价值的，所以要紧密联系原著信息进行翻译。从这里可以看出，理论研究是没有捷径的，要一点一点地做学问，同时理论研究也是永不停滞的，只有这样，才能极大地丰富翻译理论。

第三章　英语教学与翻译的关系梳理

翻译教学作为英语教学的重要组成部分，随着国际间经济文化交流的日益频繁而受到广泛关注。随着近些年英语翻译教学的逐渐探索，我国英语翻译教学取得了一些成效，但也不乏各种问题和不足。本章通过对英语教学与翻译之间的关系进行梳理，针对性地提出促进翻译教学发展的对策，旨在为切实提高翻译教学质量提供参考和借鉴。本章分为英语教学的最终目的——翻译与交流、翻译的前提与基础——英语教学两部分。主要内容包括：培养翻译能力、英语教学与翻译等方面。

第一节　英语教学的最终目的——翻译与交流

一、培养翻译能力

（一）翻译能力对英语教学的提升效用

1. 提高学生听、说、读、写的能力

英语核心的四个能力分别为听、说、读、写，这些能力的提升与翻译能力密不可分、相辅相成。学生通过进行大量的翻译知识技能学习，他们的英汉互译能力会有明显提升，随着互译能力的提升，学生在英语听力方面可以快速接收到重要信息，从而获得大量的英语知识，这些知识可以丰富学生的英语知识储备，使学生进行英语交流时有着充足的知识支持。同时，提升翻译能力需要经过大量的英文阅读，这些阅读可以提升学生的阅读能力并锻炼学生的英语思维，而英语思维又直接影响学生的写作能力。因此，教师通过翻译教学可以提升学生听、说、读、写的能力，进而提高他们的英语成绩。

2. 帮助学生正确理解英语

英语并不是我国的母语，因此学生在学习英语的过程中需要将英语理解成汉语，在这个过程中，学生的思维需要经过一个思考的过程，会影响学习英语的效率。而学生掌握了良好的翻译能力后，他们就可以很快地理解英语语篇中的单词以及重点难点句子，帮助学生快速理解英语语篇的内容及含义。

（二）英语教学中提升翻译教学效率的方法

1. 从语法和词汇上加强学生的学习能力训练

词汇和语法是英语学习的基础，但是现在有一些学生为了应付考试，大部分的时间都只用来背诵考试的单词，可是机械化的记忆过程，让学生收获到的知识，也只能短暂的停留。同样会对学生的翻译能力的提高造成影响。而翻译的过程正是需要恰当使用英语的词汇和语法来进行语句的重组，以更加合理的方式表达想要表达的意思。因此，教师在日常的教学当中，要培养学生正确的语言学习习惯，并且能够把知识运用到真实的环境当中。汉语的语言词汇很丰富，英语的语言词汇也同样很丰富。但是需要注意到的是，英语的语法表达和汉语有很大的不同，所以也需要掌握这种不同，并且在此基础之上进行翻译能力的练习。在最开始进行练习的过程当中，教师可以提供一篇文章，让学生试着把文章当中的英语翻译成汉语，而随着词汇量的积累以及所掌握的词性的转换关系和词汇的内涵、外延关系更加深刻之后，进行英语和汉语的相互转化。

例如，我们来看下面这个句子：All in all，the AUL Company offered me the experience to advance my career in China. 在这句话当中，如果按照字面意思来翻译可能会表达成：总而言之，AUL 公司给我提供经历去中国发展事业。但是如果我们仔细的分析，这句话的时态和语态，其实这句陈述句想要表达的是过去的事实。而且也一定要清楚在这句话当中的不定式修饰的成分，所以字面意思的翻译不够准确，这是学生在翻译的过程当中，经常会出现的问题。而这句话，真正准确地想要表达的意思是这个公司让我有了在中国拓展职业生涯的经历。

2. 正确使用词典润色翻译内容

正确的翻译不仅需要做到准确对照，还要尽可能地选择一些高级词汇，让自己的表达更有深度。因此，英语翻译学习一定不能局限在课本的内容当中，更应该在日常的学习和生活当中，积累更多的词汇素材。所以我们需要指导学生正确的使用英汉词典来丰富自己的语言掌握。正确的使用词典，能够让学生快速地在自己需要的时候找到合适的、准确地能够表达自己意思的词汇，而且词典当中也会对词语的使用方法进行简单的介绍，这些信息都可以让学生有效地使用来提高自己的翻译水平。然而，有些高职的学生还没有完全掌握词典的使用方法，所以这也需要教师在课堂上给学生进行详细的说明。比如，词典当中的文法代号、用法说明和使用须知在词典的前部分都有介绍，能够让学生最充分地使用词典。还有在词典中每一个词的后面的小标注也需要学生认真地把握：[A] 代表的是定语；[C] 代表的是可数名词；[U] 代表的是不可数名词……n. 代表的是名词；v. 代表的是动词；adj. 代表的是形容词；adv. 代表的是副词……这些简单的符号也都需要学生重点掌握，因为可以更好地帮助学生正确使用这些词汇来进行英语的翻译。首先学生应该学会使用英汉词典，才可以查找出正确的词语表达方式和词汇的用法，也更方便准确地表达出一句话的含义，让学生逐渐的积累学习经验。

3. 开展应用实践练习深化翻译训练

为了让学生的翻译能力在应用层面上有所提高，日常教学中的应用实践也是必不可少的。在课堂上，教师可以把课本当中的重点难点句子，让学生作为课堂任务进行翻译，还可以选择一些与日常教学内容相符的课外英文资料，作为学生翻译练习的材料。谚语也是发展学生翻译能力的一种有效形式，特别是这些言语的语言表达比较特别，更是对学生基础知识掌握情况的一种有效的考察。对于这句“一年之计在于春，一日之计在于晨。”的翻译就有很多同学都遇到了问题。但是学生可以把这句话转换一下，转换成自己能够理解的语言在进行翻译。除此之外，教师还可以选择通过多媒体技术的视频、图片、PPT 的展示功能来帮助学生丰富课堂教学的形式，给学生开展更多有趣的课堂主题活动。

在课堂上，教师可以收集学生的相关专业知识的词汇来给学生进行教学，不一定拘泥在课本的内容当中，学生有了一定的英语学习基础之后，更应该进行适当的拓展，这样才可以有效地增强学生对英语翻译的兴趣，而且通过实践训练，也可以让学生的个人能力得到根本上的发展。

4. 完善课程体系

在英语翻译教学中，完整的、合理的课程体系，才是提高教学效率的主要途径。为了更好地适应时代发展，利用好“互联网＋平台”，就需要通过课程体系的完善，来展开高效的教学活动。

第一，可以通过选修课程与必修课程的设立，让更多的学生主动参与到英语翻译学习中，来培养浓厚的兴趣，提高学习能力。比如定期举办专题讲座、专家讲坛、学术讨论等，加强学生对英语翻译的认知，来及时转变学习态度与观念。引导学生主动参与，丰富阅读量与学习经验，提高学生的技能，为课程教学改革，打下坚实可靠的基础与保障。

第二，在课程设置中，需要实现教学目标、教学内容、科研活动的紧密结合。加大专业教学成果、优秀教学内容的宣传与引导，引起全体师生的高度认知，实现理论与实践教学的并重。然后紧跟时代发展，积极借鉴国内外优秀的经验与方法，进行课程体系的丰富，构建现代化教学资源库，立足于行业市场的需求，帮助学生掌握更多的知识技能，树立正确的学习与发展目标。

第三，英语翻译教学，不仅要注重理论学习，还要注重实践训练。因此还要多鼓励学生思考、创新与实践，要将理论知识勇于应用到实际操作中。只有在不断实践与创新中，才能实现知识的灵活运用，才能不断提高自身的翻译能力、表达能力、创新能力。

5. 创新教学方法

在进行翻译教学的时候，还要不断创新教学方法，将知识内容简化、形象化、趣味化、灵活化，才能带领学生主动参与课堂学习。再加上翻译教学，需要掌握相应的技巧与方法，积累一定的经验，才能调动学生的积极性，为学生的发展铺设一条阳光大道。

第一，可以借助信息技术。如多媒体设备、直播平台、交流群、微课视频等，都可以将抽象的知识转化为形象直观的内容。带领学生快速进入学习状态，调动学生的全身感官。学生不仅可以根据自身的实际情况，来安排学习时间与内容，还可以与教师、同学进行密切的互动交流，真正切实地感受到翻译的技巧、风格，快速突破英汉思维的限制。

第二，鼓励学生观看英文电影，欣赏英文歌曲，阅读英文报纸、书籍等，来真实的感受汉语与英语在风格上的差异，然后慢慢领悟与琢磨翻译技巧。再由教师给予引导、点拨、提示、激励，不断增强学生的自信心与积极性，从而主动参与理论学习，展开实践探究，快速获得提升。

第三，还可以展开游戏教学、角色扮演教学、小组合作教学等。每一位学生的思维方式、兴趣爱好、学习能力等，都存在着较大的差异。为了让学生之间取长补短，共同促进，就要鼓励学生之间展开互动交流，课堂实践，来学习对方有点，弥补自身不足，在网络科技的环境下，不断提高自身的综合能力。此外，游戏教学、角色扮演教学，还能够引导学生，在寓教于乐中，轻松学习，快乐成长，拓宽知识面，突破时空限制。

第四，引导学生自主探究。自主学习能力，也是学生需要具备的技能之一，也是实现互联网教学的主要途径。在课堂教学前，教师可以通过任务的布置，或者提出问题，引导学生利用互联网，进行资料查阅，获得知识技能。然后将自身的感悟、体验，利用交流软件，分享与传递给同学、教师，快速弥补学生的不足，解决疑难问题。在课堂教学结束后，通过思维导图的制作，进行知识的巩固深化，来提高学生的翻译能力。

二、培养交际能力

语言是交际的重要工具和手段，语言学习的最终目的就是为了交际。虽然它不是人类交际的唯一形式，但毫无疑问，它是最重要的一种形式。我们精心设计的整个社会结构都是通过语言来调节的。假如我们没有口头语言和后来的书面语言，我们就不可能创设这样一个如此复杂的社会交往系统。可见，人们学习语言是为了交际，而不是为了显示他们可以记住各种各样的语法或语音规则。

（一）英语口语交际能力的培养

1. 口语交际能力的重要性

最早提出“交际能力”的美国社会语言学家海姆斯（Dwell Hymes）认为，交际能力体现了一个人对潜在的语言知识和能力的运用。英国外语教学专家M·韦斯特（M·West）也曾说过“外语是学出来的，不是教会的”。这句话反映出学生自身语言学习能力的重要性，突出强调了学生的主体性，教师应该鼓励学生每天坚持说英语，运用所学英语进行交流。叶圣陶先生曾指出：“儿童时期如果不进行说话的训练，真是遗弃了一个最宝贵的钥匙。”从这句话中我们可以看出，“说话”是人们用以交际和沟通的最重要的工具。英语教学通常强调“听、说、读、写”能力的培养，但实际上，很多教师更为重视学生的英语“读”“写”能力，而对学生“听”“说”能力训练不足，这就造成学生英语口语交际能力得不到提高，进而导致部分学生由于能力不足害怕出错而不敢开口说英语、不会说英语，形成恶性循环。虽然部分教师在英语教学过程中，也注重对学生英语口语表达能力进行培养和训练，但大多停留在机械地“听”和“说”的浅层教学上，忽略了英语最重要的功能——交际功能，同时，还弱化了英语表情达意、信息交换、沟通交流的工具性功能。新时代背景下，随着经济社会的快速发展和全球一体化进程的加快，英语口语交际能力已经成为现代社会人际沟通交流的最基本的技能之一。由此可见，在教学中加强培养学生的英语口语交际能力极为重要。

2. 口语交际能力的培养策略

第一，注重鼓励引导，激发学生口语学习动力。笔者在实际教学中发现，有些学生在学习英语的过程中存在畏惧心理，怕说错话被同学笑话，因此就不愿意开口说英语，由此陷入恶性循环，造成“哑巴英语”现象。因此，在教学中，教师首先要打消学生的紧张心理和畏惧思想，构建平等融洽的师生关系，营造轻松愉悦的英语口语学习环境，减轻学生心理压力，让学生敢说、会说、想说。教师作为课堂教学的主导者，在英语课堂教学过程中，要充满热情和爱心，积极引导和鼓励小学生在课堂中敢说英语、多说英语。在课堂中用英语进行口语交流和表达时，教师要及时用 Good，Well done，Excellent，Great，Good job 等表示赞扬的词汇给予肯定和鼓励，让他们充满学习的动力。同时教师也要注意运用多样的教学形式，如歌曲、游戏、表演等，让课堂教学变得活泼有趣，调动学生参与课堂活动的积极性，让学生对英语口语学习充满信心。学生在活动参与中得到教师的鼓励和支持时，就会获得学习的乐趣，这在无形中就促进了学生使用英语进行交流表达的欲望。

第二，创设真实语境，营造良好口语交际氛围。真实的语境对于语言学习来说尤为重要，在教学中，教师应该注重真实语境的创设。首先，教师应在课堂上尽量使用简明的课堂用语，同时为了帮助学生更好地理解，教师可以辅以肢体语言和表情，尽量减少汉语语言的使用，创设英语语言氛围，让学生沉浸在英语课堂中，达到让学生多接触英语的目的。其次，教师应训练学生在特定的情境中理解并运用英语的能力。比如教师可以通过小游戏、歌曲、分角色朗读、表演活动等，鼓励学生对歌曲、故事进行创编，并进行表演等。

第三，开展多样评价，激发学生口语表达热情。英语作为一种语言，其习得的过程就是学习者不断发现错误、改正错误的过程。学生在学习过程中，尤其是在学习英语口语过程中，出现错误是非常普遍和正常的行为，教师不能因为学生出现错误就进行过分纠正和批评；相反，教师要注意发现学生在口语学习过程中的进步点和闪光点，及时鼓励、引导，不断激发学生使用英语交流的积极性和热情。在学生开口说的时候，教师要多表扬、少批评，多鼓励、少打击，多倾听学生的发言，不要随便打断学生的发言，让学生能够充分表达自己。同时，对于学生的进步，教师要不吝表扬，哪怕只有一点点的进步，也要运用表扬语进行及时评价。除了课堂上教师的口头评价之外，教师还可以指导学生开展自我评价，教师可以给每个学生发放评价表，在每节课程结束后，让学生对自己课堂上运用英语的表现进行自评，同时教师也及时进行点评。这样一段时间过后，学生就能比较直观地看到自己的学习表现情况，更容易体会到自己成长和进步的成就感，这可以让学生在学习英语口语时更有动力。此外，教师还可以将班级学生划分为数个英语学习小组，在学习小组之间开展各类合作学习和小组比赛活动，通过设置一定的任务和目标，根据学生的表现情况，及时进行评价和评比，从而激发学生学习热情，调动学生学习积极性，形成你追我赶、互促互进的学习氛围。

第四，强化课外延伸，拓展学生英语口语交际范围。作为课堂教学的重要补充手段，课外活动的作用不可小觑。因此，教师要充分利用丰富多样的课外活动，延伸英语口语教学，拓展学生的英语口语交际范围，提升学生综合能力。比如，在英语中很多童谣简单易懂、节奏感强、容易上口，教师可以充分运用英语童谣的形式，训练学生的英语听说能力，通过让学生学唱简单易懂的英语童谣，提高学生运用英语的能力。教师还可以定期在学校举行英语角活动，要求参加英语角的同学全部用英语进行交流，不得使用中文。这些活动对学生有很大的吸引力，因为他们可以结识很多新朋友，口语好的同学还可以大展拳脚，尽情展现自己的风采。口语水平不高的同学也会想法提高口语能力，争取也可以和别人进行交流。此外，英语情景短剧比赛也是一个很好的办法。故事表演对学生的口语能力要求比较高，学生不仅要能流利地说出剧本台词，还要通过肢体动作、丰富的表情把故事表现出来。虽然短剧比赛的要求比较高，但因其趣味性还是有很多学生愿意参加。经常举办这种比赛，能提高学生练习口语、运用口语的热情，促进学生交际能力的提高。

第五，学练结合互促，提升教师口语交际素养。教师作为学生学习的指引者，其自身扎实的知识和能力可以让英语口语教学更有方向，让教师在整个教学过程中更得心应手。这就对教师自身的能力素质提出了很高的要求。在工作过程中，教师要学会学习、善于学习、乐于学习，通过不断更新自身的知识，扩展自身的“蓄水池”，提高英语口语教学能力和水平。同时，教师要对自身有清醒的认识，要知道自身的不足，及时补短板、强弱项、增优势。教师要学习和研究新课程标准和地方课程标准中对于英语教育教学的目标要求，准确把握重点、难点和关键点。教师要积极主动参加相关的教学培训活动，在培训中强化经验交流学习，开阔视野、增长见识、提升能力。教师还要注重参加教学研讨活动，通过参加观摩课、优质课、研讨课，进行教学经验交流和学习，注重学习、借鉴其他教师的教学经验和方法，同时结合自身教学，将所学经验逐步运用到自身课堂教学中，以达到提升自我的目的。教师要坚持英语口语学习和训练，在日常生活和学习中坚持收听 VOA 和 BBC 等标准英语音频，观看英文影片，尝试模仿、配音，从而不断提升英语口语水平。教师要注重向其他教师学习，取长补短，相互提高，要充分借助现代化手段，不断学习新知识，比如教师可以利用网络资源，在远程教育系统和平台上，通过收听和收看各类教育教学音频和视频资料，向全国各地优秀英语教师学习。

（二）跨文化交际能力的培养

1. 跨文化交际

跨文化交际是指本族语者与非本族语者之间的交际，也指任何在语言和文化背景方面有差异的人们之间的交际。跨文化交际要求交际双方必须来自不同的文化背景，而交际双方又必须使用同一种语言，进行实时口语交际。随着交通越来越便捷，国家之间的经济文化交流越发频繁，跨文化交际便渗透到人们日常生活、工作和学习的方方面面。跨文化交际能力是指基于不同的文化背景、国籍、民族、认知模式、价值观念、宗教信仰、历史传统等，以求同存异的眼光以及理解和欣赏的态度接受异域文化、进行有效沟通和交流的能力。交际双方在进行沟通和交流时，必须具备一定的多元文化意识，尽量减少单一文化对沟通和交流的影响。

随着世界经济全球化的脚步不断加快，中国融入世界经济全球化的进程也在加速，对学生跨文化交际能力的培养已经成为当代英语教学的重要教学任务和重点攻克难题。跨文化交际不是单纯的英语语言输入和对英语国家文化的一味接纳，而是语言和文化相辅相成、相互融合，在文化的发展中体会语言的变化。因此，教材编撰者应注意将文化背景知识融入教材，让语言成为文化交流的媒介，而教师则应根据新课改的要求，注重培养学生的文化接受能力、文化融合能力、情景应用能力和随机应变能力，通过加强学生的语言学习能力、口语表达能力和书面语言表达能力，提高其二语习得、输出能力，从而在提高其文化素养的同时，培养其国际视野。

2. 跨文化交际能力培养的必要性

（1）跨文化交际越来越频繁

跨文化交际是全球一体化的产物，也是构建人类命运共同体的必要条件。书本上仅有的英语语言知识，并不能真正提高学生的英语口语交际能力，亦无法传递英语语言本身所承载的文化内涵。因此，在英语教学中，教师应引导学生关注语言背后的文化背景知识，而不是专注于课本知识，过分注重成绩，从而使学生在提高成绩的同时，增强跨文化交际能力，坚定文化自信。

目前，国际商务合作的范围空前扩大，许多国外市场对华开放，我国想要融入国际市场，就必须转变以往的教学观念，在培养学生听说读写等英语基础运用能力的同时，培养其跨文化交际意识，从而培养出更多能够满足国际市场需求的具有跨文化交际能力的人才。此外，中国作为一个大国，为了加强与“一带一路”沿线国家的文化交流，也必须重视对学生跨文化交际能力的培养，从而为“一带一路”沿线的国际交流提供更多具有跨文化交际能力的人才，同时实现中华文化“走出去”，让中华优秀传统文化走出国门、走向世界，让全世界听到中国声音。

（2）汉语国际推广的战略要求

近年来，随着我国经济的快速发展，海外掀起了“汉语热”。无论是从看得见的硬实力角度，还是从看不见的软实力角度，汉语国际推广都意味着我国综合国力的提升。在我国人民的民族自信心得到增强的同时，全球一体化形势也对跨文化交际提出了要求。在此背景下，我国在跨文化交际中主动融入异域文化，坚持“请进来”与“走出去”并举，让更多的外国人了解中华优秀传统文化。这一点在有些英语词典中得到了充分体现，部分英语词典收录了很多关于中国历史文化的词汇，如 Confucius（孔子）、Tai Chi（太极）等。这既体现出外国人对我国文化的认可，同时也提醒国人注意提高个人能力，以跟上中国发展的脚步。因此，对学生跨文化交际能力的培养与提升迫在眉睫。

（3）语言教学的本质要求

语言是一个国家或民族传统文化、地域风俗的载体，任何语言都无法完全脱离文化而独立存在。因此，教师在进行英语语言教学时也应融入英语国家的文化。此外，语言教学的本质不是传授，而是生成。而如何生成语言意义、选择语言结构、正确使用修辞策略、创建系统的交际模式，都受语言所承载的文化内涵、文化价值和文化特性的制约和影响。因此，只有深入了解一门语言所承载的文化背景、风俗习惯、生活方式，才能真正理解并运用这门语言。

跨文化交际并不仅仅是不同民族、不同身份、不同地位、不同文化之间的碰撞，更是通过语言来展现文化差异、对世界的不同理解、对事物的不同认知、对人生的不同表述，以及不同的世界观、人生观、价值观。此外，对学生跨文化交际能力的培养同时体现了英语教学的人文性，不仅符合英语语言教学的本质要求，而且满足新课改的要求。

3. 跨文化交际能力培养的策略

第一，摒弃自身对某种文化的偏见，正视不同文化之间的差异，以包容的心态对待文化多样性，客观地对不同国家或民族之间的风俗习惯、价值观念、社会制度等进行比较，树立端正的跨文化交际态度，同时注意提升自身素养。只有这样，教师才能更好地将对学生跨文化交际能力的培养渗透到英语课堂教学中。此外，教材是英语教学的重要依托，想要培养学生的跨文化交际能力，教师就必须认真研读教材，留心并探索语言所承载的文化元素，并围绕教材所呈现的内容，进行丰富多彩的课程设置，在进行教学设计时融入体现中西文化差异的内容，以打造动态的多元文化课堂，带给学生文化碰撞的体验。

第二，整合多元文化素材，进行文化交流对比，体会文化差异。随着教育改革的不断推进，英语教材编撰者也在新课改精神和新课标的指导下不断对教材内容进行重新编辑和重新组织，有关英语国家文化的内容正在逐步被引入教材之中，这为对学生跨文化交际能力的培养提供了有力支撑。但是，教材篇幅有限，教师在进行教学时应注意引入与单元教学内容相关的文化素材，其中可以包括成语、俗语、谚语、名言警句等。英汉两种语言无论是在发音、书写方式上，还是在表情达意上都有非常大的差异，这源于中西文化的差异。教师在发现学生套用汉语思维翻译英语特定句式时，应注意纠正，并引导他们查阅词典或专业书籍，以培养他们的跨文化意识。此外，教师还可结合单元主题，向学生介绍英语中的称呼用语、固定搭配、谦称敬辞等，帮助学生养成用英语思维进行表达的习惯。

第三，充分利用多媒体设备为学生创设交流环境。在互联网高度发达的今天，各种信息更新速度快、传播范围广、时效性强，有利于教师在英语课堂上有效创设交流环境。对于学生而言，锻炼跨文化交际能力的最大障碍便在于缺乏有效的交流环境，因为这使得他们在学习语言时无法获取语言背后的文化知识。因此，在英语教学中，教师应充分利用多媒体设备为学生创设交流环境，通过文字、图片、音频、视频等向学生展示英语国家的文化，引导学生在真实的交流环境中进行跨文化对比与交流，使学生能够如身临其境般感受英语语言文化背景下的语言信息传递，并在此过程中了解英语国家的风俗习惯、传统文化、历史地理和风土人情，从而激发学生探索英语国家文化、了解英语国家的兴趣，进而提升其跨文化交际能力。

第二节　翻译的前提与基础——英语教学

一、英语教学与翻译

（一）英语词汇

1. 英语词汇的理解和表达

（1）词汇的理解

首先，对于英语词汇的准确理解对词汇的翻译起到了至关重要的作用。如果对于词汇的理解出现了问题，就谈不上翻译了。比如：We must make ourselves aware of the past and present of China. 我们必须意识到中国的过去和现在。改译：我们必须了解中国的古今（发展）。这解释里的 Past and present 不能简单地翻译为“过去和现在”，而是翻译成“古今”更符合语境。显而易见。对于一个词汇的词义理解不够准确是无法完成精确翻译的。

（2）词汇的表达

在准确理解英文词汇的基础上，要准确表达出这个词在句子和全文中的含义。词汇的表达可是难倒了很多人，经验再丰富的译者也会经常在词义的表达上犯难。平日里我们口中的“忠于原文”，指的就是准确地表达出词汇的意义。仅仅翻译出一个词在字面上的含义有时会造成表达不明确甚至表达错误的现象，例如，a heavy meal，要翻译成“不易消化的饭菜”，这里的 heavy 不能翻译成本意。

2. 词义的转换

词义的转换主要是说词类的转换。指的是在并不改变原文意思的前提下，为了使表达更加通畅准确，对词汇进行相互转换，比如名词与动词的转换，形容词与动词的转换，副词和动词的转换，介词词组和动词的转换，介词词组与副词的转换，名词与形容词的转换和副词与形容词的转换。汉语的词义单一，但是英文的词汇却可以通过添加不同词缀而变成不同的词性。比如；threat 是名词的恐吓、威胁，threaten 则变为动词的危及、恐吓，threatened 译为受到威胁的。在翻译中，有的英语词汇无法直译成与之相同的汉语词性，或是译后不通顺，无法表达出原文含义。

3. 肯定变否定，否定变肯定

无论是汉语还是英语都存在肯定与否定之分，但是表达肯定和否定方式存在一定差异。汉语中的否定带有明确的否定标志，如不、否、无、非、勿。而英语表达否定的方式却有很多种。除了直接出现的否定词 no、not 之外，还有否定前缀、形式肯定意义否定的英语词汇、有否定含义的短语等。例如，dislike，beyond，in place of，rather than 等。在英语词汇翻译中，有时因为中英存在差异，必须采用反译法，即把肯定译成否定，或是把否定译成肯定。

4. 拆分法

拆分法也叫分译法或拆离法。当一句话过于繁琐或者一个英语词汇过于繁琐时，拆分法可以使句子的翻译更加简明易懂。拆分法翻译分为词的拆分和句子的拆分。一个词在原文中所表达的含义无法用一个汉语词语表达清楚时。可以采用多个词语来解释其含义，适当的增加词汇未尝不可。一个繁杂的从句可以拆分为几部分几个句子来翻译。

5. 英汉词语混用和音译法

英汉词语混用指的是将英文原文中的词直接原封不动的用在译文中，如 KTV，CD，IO，NBC 等，这些生活中常见的英文词汇都是直接移植过来的，也为人民大众所接受，这种方式较翻译更加简明好记。但这种翻译方法使用范围有很大的局限性，翻译时要格外慎重。英文词汇的发音。这种方式适用于人名的翻译，如 Churchill，丘吉尔。地名的翻译，如 Australia，澳大利亚。原来没有的事物直接音译，如 coffe，咖啡。

6. 适当增加或减少词语

英语词汇和汉语词语互译有时无法做到一一对应，这时就需要通过增加词语或者减少词语来使语义更加明确流畅。有些英语词汇的意义并没有在字面上清楚地表现出来，却需要在翻译的时候将其意义表达出来。而有些英文词汇表达繁琐，所以在翻译过程中需要省略不必要的词语来使句义简明易懂。英汉语法存在很大差异，比如一些冠词和代词的使用。因此，在翻译过程中可根据原文省略部分冠词和代词。在翻译文学作品中，可根据语境适当增加修饰词来使内容更加生动。

（二）英语句子翻译技巧

1. 逆译

受不同国家语言、文化、生活等多方面习惯不同的影响，中文和英文表达的语序存在很大不同，更甚者，完全相反的情况也比比皆是。这就要求学生在进行翻译作业的过程中，能够正确分析并理解英语的语句结构、句意。对于原文直译不通顺的地方，能够灵活调整，局部改变或整体协调，使得翻译过来的句子符合汉语表达的语言习惯，逻辑通顺，实现表达目的。

以一句话为例：and they will be awarded with prizes when their marks reach a certain amount. 这是以“when”为引导词的时间状语从句。按照英语的逻辑思维，可以将其译为：拿到卡的人会受到奖励，当卡里面的积分达到了一定程度的时候。显而易见，这样的表达方式是不符合中文表达习惯的。因此，学生应该灵活调整语序，将主句“拿到卡的人会受到奖励”放在“当卡里面的积分达到了一定程度的时候”这句话的后边，使之符合汉语语言需求。英语与汉语不同，汉语语言中会使用大量的动词，但使用的连词数量较少。人们更愿意运用语句和逻辑关系，将复杂的句子简单化。遇到长而复杂，不好理解的语句时，人们更愿意把之拆分成短而精炼的句子，再进行表达。因而，学生要具备对英文原句整体把握的能力。

2. 分译

英语句子结构复杂，因此，进行英译汉作业时，学生不应该采取一个萝卜一个坑的翻译模式，逐词逐句翻译。如果只是单一地把每一个单词对应的汉语意思翻译出来，最终翻译出来的作品就会呈现出表意不明，阐述繁琐，层次不明了等问题。为了避免此类问题的发生，老师可以教学生将英语句子拆分开来，将英语单词、英语固定短语或固定句式提取出来看待，将一个整句分成几个汉语词组或者汉语短句。这种翻译方法被称为分译法，是为了翻译过来的作品，更符合汉语语言阅读习惯而制定的翻译方法。如此一来，复杂、繁琐、冗长的英语长句都可以清晰明了地用汉语表达出来，更加符合人们汉语阅读的习惯，容易接受文章内容，翻译效果更好。

举个例子：We offer a wide range of information on the website，from detailed information to general buying guides in categories such as digital cameras，home theater，clothes and watches. 这一句话的正确译文内容为：我们在网站上主动提供大范围内的信息，其中包括详细的购买信息，也有针对不同种类的商品的购

买指南信息。比如：数码相机，家庭影院、衣服和手表等等。这一句话由较多的介词短语构成，因此，对于很少用介词短语形式表达自己想表达的内容的汉语来说，翻译这一句话必然不能简单直译。因此，学生要将它拆分，将复杂的长句拆分成短句再进行翻译，保证符合汉语表达习惯的同时，让阅读者更加舒适自在，极大程度满足人们的阅读需求。

3. 被动语态译为主动语态

无论是英语还是汉语，都存在主动语态和被动语态。汉语通常利用“被”字来表现出语态的被动。而英语中表达被动语态的方法就要复杂很多。通常情况下英语语句的被动关系，需要利用“be＋及物动词的过去式”这一搭配形式来进行实现被动语态的表达。通过日常的生活和学习，我们能感受到被动语态在汉语中的应用频率要比在英语中的应用次数少很多。因为汉语表达是一种形式弱势的语言体系。虽然有“被”字可以用来表现被动语态，但其实大多数情况下，人们并不拘泥于是否一定用“被”字表达被动的语态，也不执拗于主语和谓语之间到底存在怎样的关系。因而，主动形式才是大家在日常生活工作和学习中最常用的形式。但是，基于英语语句被动形式使用情况与汉语语言系统的不同，被动语态下的英语句子被译为主动语态的汉语句的情况比比皆是，特别是当句子强调的主要人物是承受者或者语句中根本没有必要表现出主动人物等情况时，英语被动句通常情况下就直接被译为汉语主动句，被动形式不会被在意。但这并不说明翻译者不尊重英语语言体系中的被动语态形式。这一举动恰恰是为了使英汉两种语言体系互译更加通畅，是互相遵循彼此的语言习惯的体现。

（三）英语阅读

1. 阅读能力现状

在大学英语教育中，对英语等级的要求也越来越高，在这之中，英语阅读所占比重较大，因此提高学生们的深层英语阅读能力就显得更为重要，在大学英语教育中，最为方便的还是通过英语课文的教学来提升学生们的深层英语阅读能力。阅读作为学习英语中最重要的语言技能，在教学方面更应得到重视。我国各省份教育水平不同，大学作为一个无地域区别的教育学府，在英语水平上面临着学生水平参差不齐的问题，而当代大学生英语阅读现状主要分为以下几点。

（1）词汇量少

阅读一篇文章的基础就是词汇量，词汇就像是砖瓦，而英语阅读就是需要砖瓦搭建的房屋。词汇量的大小影响着我们的阅读速度，在文章中遇到陌生单词，会降低阅读速度，影响阅读的翻译。当词汇量达到一定的和积累时，能更好地理解文章的内容，才可以更好地学习文化，了解信息。

（2）语法知识薄弱

语言基础知识包括词汇与语法知识，语法知识也是英语学习重点。语法知识大多在高中时期就已经掌握，但大多数大学生因对语法知识掌握得不够完全，导致在文章中遇到特殊句式或者长难句的时候不能很好翻译并理解，造成理解上的偏差，对于文章的主旨掌握不完全。

（3）文化背景不同

在英语阅读中，语言知识是阅读的基础，但文化差异会影响学生对于课文的理解。英语中很多文章都与西方各类文化背景相关，很多文章都是关于西方人文地理、历史文化等方面的内容，对于西方文化的不了解，导致很多内容只能通过直译来进行翻译，会使得有很多专业术语或者熟词生义不能很好地理解。

（4）心理原因

在各类考试中，英语文章的阅读理解占比均较大，这就造成了很多同学的心理压力，看到英语文章就紧张。同时也是因为英语知识掌握得不够熟练，导致学生认为自己无法阅读，认为自己不能很好地理解文章内容，使得阅读时更为紧张，囫囵吞枣，既不能提升自己的阅读能力，同时也对于英语阅读产生抗拒心理。

2. 阅读的作用

（1）提升英语语感

语感在英语阅读与英语口语的表达中都很重要，它可以使口语表达变得更为标准，在阅读时遇到问题可以毫无理由地选择出正确的选项。语感，是长期在语言实践中形成对文字敏感的感受能力，而阅读就是培养语感最为直接的方法。语言的学习方法其实是相通的，学习汉语时，“书读百遍，其义自见”说明了阅读对于理解的重要性，在英语学习中也是一样的，在广泛的阅读中，语感就会慢慢积累，一个句子多看几遍后，就算不会写，但是会读，那么在下次遇到的时候，你自然而然就知道下一个单词是什么，这就是语感。训练出良好的语感后，我们就可以克服中英文的语序差异，在考试中也可以有很大帮助。

（2）阅读提高词汇量

词汇是语言的基本单位，而词汇量是很多学生都难以提升的一个方面，但词汇的重要性不言而喻。只有掌握了一定的词汇量，我们才可以更好地学习英语，更好地发展自己听说读写的能力。单词的死记硬背太过于无聊，导致容易遗忘，而阅读就是一个可以提升词汇量的好方法，在阅读过程中，可以结合语境、上下文和课文背景来理解单词，这种方法可以使单词能被更好地理解和掌握，包括单词的多种含义以及不同的使用方法。在多次阅读遇到后可以加深印象，能够更好地记住单词。

（3）阅读提高写作能力

写作，作为英语中一项重要的技能，可以反映英语综合素质，在考试中也很重要。要提升英语写作能力，首先，需要提高自己的词汇量，掌握语法知识；其次，阅读也是必不可少的一方面，广泛的阅读可以积累词汇、短语、英语谚语等，同时也可以学习分析英语课文的写作方法，在写作的时候可以模仿不同的写作方法，使自己文章的框架更为完善从而全方面提高自己的写作能力。大量阅读后也可以避免中文式英语，使得英语表达更为规范。

（4）了解更多国外文化

不同的语言有着不同的文化。在阅读中，无论是英语新闻还是考试中的英语阅读，大多的取材内容都是国外的历史文化，人物传记或是国外新闻，通过大量的阅读，我们可以更好地了解国外的人文地理、历史文化、政治经济、科技发展等更多方面的知识，扩大了我们的视野，丰富了我们的知识。

3. 英语阅读能力提升方法

（1）提高词汇量，加强语感

大学教育中，针对英语水平的提升不只是课程教育，还包括英语等级考试，而词汇量是一项基本工作，学生可以在日常生活学习中加强自己对于词汇量的累计，可以通过阅读一些简短的新闻，观看美剧、电影、阅读报纸来提升词汇量的同时也可以加强自身的语法知识，提高自身的语感。

（2）加强文化知识

兴趣是学习最好的老师。想培养学生的深层阅读能力，可以在课堂上加强一些文化背景知识的讲解。不同的语言有着不同的文化，在阅读不同内容的英语课文时，在讲解课文时可以加入该文章的文化信息，如人物关系、时代背景、人文地理等，激发学生的兴趣，加强对于文章的理解，可是使学生对于文章内容更加深印象，对于其中的语法知识等也可以更好地掌握。在讲解课文的同时讲述文化背景，使学生可以轻松地进行阅读理解。

（3）培养阅读技巧

想要提升学生的深层阅读能力，那么可以培养一定的阅读技巧。针对不同的课文类型和不同的场景下，可以分为精读、泛读、快速阅读等。在日常学习中可以采用精读和快速阅读，可以帮助我们更好更快地抓住文章主旨，提高自己的阅读效率，提升自己的深层阅读能力。在测试中，可以三种方法综合使用，针对一些过渡句，展示复杂语法知识的句子可以采用泛读方法，节约时间。

（4）提高分析能力

文章分析能力就是英语教育中提升学生深层阅读能力的重点。因此在课文的选材上因题材丰富一些，选择不同类型的文章，这样在教学过程中也可以提升学生的知识面，提高文化知识。不同类型的课文，无论是写作手法还是写作主旨上都会有一定的区别，这对于训练学生们对干课文的分析能力有一定的帮助，在广泛阅读中，可以提升学生们的分析能力。

（5）提高鉴赏能力

在提高分析的能力，还应当培养学生的鉴赏能力。在广泛阅读中，应有意识地选择不同的文章，对于不同的文章进行反复阅读，来体会作者的写作意图、写作方法等，对于文章主旨的思考。通过这种方式来提醒同学进行深层阅读，提高鉴赏能力。

（6）鼓励学生减少抗拒心理

针对很多学生对于英语阅读有一定的抗拒心理，老师们可以在课堂中多鼓励学生自学，给予一定的肯定，增强学生的信心。同时，作为当代大学生，学习英语并不是一件很难的事情，只要相信自己，只要肯努力，就一定可以掌握英语，作为当代青年，我们要学会发现自己的不足，努力克服自己的不足，给自己自信心，相信世上无难事。就一定可以克服自己的抗拒心理，可以更好地提升自己的英语深层阅读能力。

二、英语教学中的翻译课程

（一）翻译的实用价值

如今，我们所处的世界，充斥着各种文化、各种语言，国家间的界限也越来越模糊，人类在大步地迈向全球化时代。在这样的时代，翻译显得尤为重要，它是各种文化，各种语言之间进行交流的桥梁，越来越多的人开始学习翻译，使用翻译，通过翻译实现交流目的，通过翻译和这个世界保持联结，从而也让翻译走出了专业领域，奔向了人们的日常生活。现如今翻译已经成了许多人的必需品，他们的日常生活、专业领域都离不开翻译，各个国家、公司、组织，也将翻译看作重要的沟通途径，它在国际事务的沟通中发挥着越来越重要的作用。

翻译涉及的范围也越来越广，大到国际交流，小到一场电影，都离不开翻译。鉴于此，我们不能再讨论类似翻译是否会对外语学习造成伤害的这种问题，这里不存在讨论的空间，翻译必须也必将被引入到教学中，只有这样我们才能让未来的学习者跟上这个世界的步伐。根据 Cook 的研究，从小处说，翻译可以发生在各种人群、各种日常社会活动中。比如，移民家庭、国际学校、音乐、电影、电视剧、邮件、产品说明书等。从大处说，翻译还可以发生在各种国际交流、各种国际事务中。比如，新闻报道、电影字幕、技术交流、书籍翻译、首脑会议、谈判条约、国家外交等等。这些例子数不胜数，同时也说明翻译确实非常重要，它是一项个人乃至国家必备的技能。

另外，随着互联网的持续发展和扩大，信息以电子化的形式在世界各地快速地传播和发生；再加上电子技术井喷式发展，人们获取这些信息的方式也越来越便捷、快速，可以说人类已经进入了一个信息大爆炸的时代，世界上每一个角落的各种信息扑面而来，面对着充满了各种语言的信息海洋，学习新的语言就显得十分必要，翻译也一定会成为未来人类接收和传递信息的主要途径。因此，面对着这样的一个时代，我们就必须培养语言学习者的翻译能力，这不是为了帮助他们更好地学习语言，而是，只有这样，他们才能跟上这个世界的发展，获得未曾有过的知识，拓宽自己的生命边界。

综上，为了支持将翻译引入教学，我们认为除了学习语言本身外，翻译还能够提供给学生一些实用的生活知识，以供他们日常生活所需。通过翻译，可以使学生意识到语言和文化的多样性，同时能够让学生了解到保持自我的重要性，从而让学生享受语言学习过程。文化意识和语言知识，可以增进人们之间的关系，可以消除文化上的壁垒，语言上的隔膜。正如 Cook 所说的那样，文化和语言是克服文化无知、偏见、不平等的重要因素。至此，我们看到翻译对于语言学习确实有很多积极的影响，和这些相比，那些反对观点似乎也无足轻重了。曾经由于语法翻译法的过于强大，人们认为翻译只在乎准确性、写作和发明语言。我们承认翻译确实包含了上述特征，但它们都只是翻译的一小部分，通过研究分析，我们已发现，翻译作为整体对于语言学习的影响是十分深远和广阔的，所以希望不要再将这种误解持续下去。

（二）翻译课程的价值取向

一般而言，翻译课程开发和建设的维度主要包括对学科知识、社会生活及学习者个体的研究。相对应地，课程具有知识价值取向、社会价值取向和个人价值取向。

1. 翻译课程的知识价值取向

知识价值取向强调课程知识的内在价值，认为课程内容的价值在于知识本身，为知识而掌握知识是值得的，知识是心智的食粮。翻译课程的知识价值取向是以多国语言、多元文化知识的掌握和翻译知识的获得为课程建设的逻辑起点，并根据知识发展的需要完善课程设计，其课程体系建设旨在建构集语言、文化、翻译、百科、信息技术等知识于一体的知识体系，强调各知识板块的逻辑承接。翻译课程知识的选择与剔除事关价值判断的问题，其过程既带有获取课程知识的永恒主义课程思想成分，也带有翻译知识体系与社会需求相衔接的实用主义课程思想痕迹。但过于强调翻译课程知识价值取向的课程体系建设有可能使其缺失与社会生活的互动，在知识体系的象牙塔中难以回归至生活世界。

2. 翻译课程的社会价值取向

知识是社会化的知识，人是社会化的人，课程是在社会场域内借助社会化的知识培养满足社会需求的人才。翻译是一种社会语言服务活动，其特性决定了翻译课程建设既要关注课程知识内在发展逻辑，也要注重市场对于翻译人才的招聘需求及社会期待与反馈，强调课程建设与外部世界的联动，以及对社会发展产生的显性或隐性影响。翻译课程的社会价值取向以是否满足社会政治、经济、文化发展需求为准绳，具体包括翻译课程的政治价值、经济价值和文化价值取向等。翻译课程的政治价值取向是指课程知识的选取和课程体系的建设渗透社会、阶级、团体的权力关系，体现社会政治的某种意志和利益。自翻译课程建设以来，政治需求和社会利益常融入具体的课程建设中。譬如，社会主义国家将共产主义理论作为政治纲领，在课程中贯穿马克思主义思想及其相关政治思想，致力于培养具有正确的政治方向，且能运用政治理论分析和解决问题的翻译专业人才。

大凡文明国家，无不以翻译为文明互鉴之纲；大凡经济强国，无不重视并受益于翻译教育事业。经济发展的需求对翻译教育提出了更高的要求，进而反映在翻译课程目标、内容与实施等要素中。在信息时代，经济发展呈几何级数增长，经济全球化带动了复合型应用翻译人才的社会准入，又为市场经济的蓬勃发展注入新活力，凸显了翻译课程为社会及区域经济建设服务的理念。当前，各高校及外经贸类大学开设与经济建设、外事商贸相关的翻译课程，旨在培养商务翻译和经贸翻译人才。凡此种种充分反映出翻译课程嵌含着一定的经济价值取向。

翻译课程的文化价值取向是指课程对文化交流与发展需求的满足。翻译是多国语言转换和多元文化交流的社会文化活动，文化信息是翻译课程内容的基本内核之一。翻译课程与文化具有天然联系，表现为课程内容中涉猎多元文化交流而获得的智力知识和经验。传递知识、传承文化及补充和完善社会多元文化信息是翻译课程不变的使命，但翻译课程并非直接参与至社会文化活动中，而是通过培养翻译人才实现多国语言知识的传递及多元文化信息的系统性交流，从而促进文化生命的延续。

3. 翻译课程的个人价值取向

翻译教育是关涉翻译人才的教育。学生不是既定或预设翻译课程内容的被动接受者，而是课程建设的助推者和反馈者，并在翻译知识获得和翻译实践体验中感知和理解其中的语言知识和文化信息，这种体悟和反馈又能进一步促进翻译课程建设的完善。通常而言，如果在翻译课程建设过程中，学习者个体因素被置于翻译课程建设首位，个体发展诉求被重视和凸显，那么翻译课程就会体现出较强的个人价值取向，学习者的语言能力、文化能力、翻译能力、翻译意识等也会得到培养。翻译课程要素也由此体现出一定的人文关怀，并视其为课程建设的价值追求，这无疑会使翻译课程的生命观照得到彰显。

（三）英语教学中翻译课程存在的问题

首先，当前英语教学一直在不断的改革和创新，越发关注培养学生英语的综合能力和素养，其中包括听力能力、口语能力、阅读能力、写作能力、翻译能力等，翻译能力是保证学生在社会发展和生活的必要前提，因此越发受到教师的关注。近年来大学英语四、六级考试也越发注重翻译题型的设置，然而还是存在一定的问题，在大学英语教学中并没有针对翻译设置专门的课程，以及编写特定的教材，这影响学生翻译能力的培养，教师翻译教学的过程具备一些无序性，不利于学生翻译能力的有效提升。

其次，英语教材的编写注重学生基础知识，给学生留出的思考空间不多，主要表现在翻译内容的制定上缺乏一定的针对性，并不能根据学生的专业来制定针对性的翻译教学内容，这不利于学生实际翻译能力的提升，无法培养学生相关文化的翻译技能。当前大学英语教材的编排上虽然引进了一些翻译的内容，但是着重于基础知识，缺乏翻译技能的实际训练内容。总体上来说针对学生英语翻译能力的培养还是有所缺失，需要进一步地展开研究。

再次，当前英语翻译教学实践中教师的教学理念和角色定位都需要进一步的转变，在教学理念上教师应该走出传统应试教育带来的影响，当前部分教师为了完成教学任务，还是按照自己的教学节奏来按部就班地完成，给予学生展示自我的机会并不是很多，这严重打消了学生学习的积极性，也不利于学生英语翻译能力的培养。在角色定位上来说教师应该要认识到学生才是翻译教学中的主体，教师应该充当引导者的角色，在适当的时刻给予指导和帮助，而不应过多地干涉学生的翻译实践。

最后，当前英语翻译教学实践的教学内容和教学形式应该作出改变。教学内容陈旧是目前翻译教学实践中一个比较显著的问题，大多数教师只注重翻译技巧等理论知识的教学，教学内容中缺少与当前实际情况密切相关的时事政策等，导致学生在真正翻译时有很多翻译脱离生活实际，教材内容跟不上时代。语言在不断发展变化，语言课的教育内容和教育方式也要不断变化。而且单一化的教学模式也会给学生带来枯燥乏味的感受，教学方式缺少趣味性也是目前一个重要的问题。

（四）在英语教学中开展翻译课程的途径

1. 建立健全英语课程体系

随着近年来教学体制改革的不断深入与完善，传统英语教学模式显然已经不能满足社会发展的需求，为了进一步适应社会的发展，英语翻译课程不断创新、不断发展，只有实现与信息化技术的有机结合，才能使得英语教学实现与时俱进。信息化技术与英语课程体系的有机结合，首先需要构建符合社会发展需求的英语翻译教学课程体系，早期以英语基础知识教学为主，引导学生打下坚实的英语学习基础，为后期对英语知识的灵活运用奠定良好基础。

此外，适当添加一些有深度的选修课程以及实际应用课程，如文化交际、翻译理论等内容的课程，不仅能够有针对性地拓宽学生的视野，也能够起到锻炼学生表达能力的作用。英语教学需要依托英语课本，但又不能够完全按照课本照本宣科，适时开展一些英语课外互动，不仅能够增强学生的英语应用能力，同时也能提升学生的学习积极性和学习自主性，实现教学质量的有效提高。

2. 开展以学生为主的教学课堂

传统的教学模式往往将教师置于课堂的主体地位，处于被动接受地位的学生往往不具备学习的主动性与积极性，这种教学模式不仅难以吸引学生的学习兴趣，同时也无法实现预期的教学目标。基于教育信息化的时代背景，英语教学应做到与时俱进。首先，教师需要不断更新教学理念，学会利用现代化教学手段辅助教学活动的开展，例如将一些网络教学资源引入课堂学习中，以时效性、多样性、专业性的翻译文本锻炼学生的翻译能力。其次，一些多媒体翻译软件、学习软件也可以适当地利用，资料库的丰富可以使学生的知识视野得到极大的拓展。此外，一些传统的刻板教学模式应该予以淘汰，新颖的小组教学模式是将学生划分为不同的学习小组，再将课堂任务布置给各个小组，通过小组之间沟通交流的方式，引导学生自主探究问题。这种教学模式中，学生居于学习的主体地位，而教师发挥引导员的作用，这样既能拉近师生之间的距离，同时也充分调动了学生的学习积极性，使得每一位学生都充分参与到课堂活动中来，增强学生的参与感、积极性、自信心。

3. 构建信息化英语翻译教学新模式

由于不同国家与地区有着不同的风俗习惯与思维差异，因此，在学习翻译不同地区的文章时，要结合当地的思维差异与文化异同，才能更快、更好地掌握文本内容与实际含义。在开展日常英语翻译教学活动时，教师可以借助信息技术帮助学生全方面、多方位地了解不同地区的语言风俗习惯，结合不同地域的历史文化背景，帮助理解课文的实际含义。然而，由于网络信息良莠不齐，信息资源庞杂，同时学生自身也不具备充足的经验筛选、甄别有效的信息，网络信息使用不当不仅会导致教学效率低下，也容易对学生造成不良影响。这就需要教师借助自身的能力，帮助学生筛选出科学、有效、适合的学习信息与学习内容，不仅使学生更好地掌握中西方文化的差异性，丰富学生的知识面，还能够提高学生的自主学习能力，增强学习趣味性。信息化英语翻译教学新模式的构建就是将新型的网络教学模式应用到实际教学活动中，网络信息技术与传统教学模式的有机结合，正是对网络在线教育资源的整合以及对传统教学优势的充分利用，最大限度地结合两方面的优势，才能进一步提升英语课堂教学质量。为此，我们应当做到与时俱进，在充分借助新型信息技术的前提下，紧跟先进教学理念，不断促进英语翻译课程教学的发展与进步。

4. 利用慕课开展翻译教学

（1）利用慕课开展英语教学的优势

首先，能够提高学生的学习效果。一直以来，英语翻译教学主要采用课堂教学的方式，它有许多限定条件，学生在固定的时间、地点，在有限的课堂时间内学习教师讲授的内容。英语翻译课程作为一门专业性较强的学科，学生要想学好这门课程，除了学生自身的努力以外，教师的教学方式也很重要。因此，在这种情况下，教师可以把慕课学习植入到学生的英语翻译学习中去，将课件上传到慕课平台，课前让学生进行预习，课后可以让学生自行复习。学生利用碎片化时间，随时随地打开慕课学习平台进行英语翻译知识的学习。尤其是对于那些基础薄弱的学生，可以对慕课上的内容进行反复地观看。对于基础较好的学生，可以调整观看的进度，对掌握不好的知识点做一个回顾。教师充分发挥引导作用，实现学生自主学习，反复练习的教学目标，提高学生的学习效率，促进英语翻译能力的提升。

其次，能够引导教师教学思维的转变。在多数的大学英语翻译教学中，授课的教师都具有很扎实额基础和专业能力。但存在一种情况，针对一些习惯于传统的教学方式的教师来说，他们的授课方式显得单调乏味，通常表现为在授课的过程中，基本都是通过板书对重难点知识进行讲解，使用的信息化教学手段很少，甚至有些教师对英语翻译教学的理解直接演变成了对句子的逐句翻译，这样一节课下来，学生容易失去学习兴趣，教师很难再调动学生的积极性。因此，在这种情况下，教师可以将慕课植入到教学中，以此来提高学生学习的积极性，改善学生学习的情况。教师可以在慕课平台上发布一些英语翻译相关的课程资源，并根据学生的学习情况和特点选择适合的教学内容，告知学生可以在慕课上进行相关课程的学习，学生可以提前做好预习，也可以课后做复习。其次，教师要明确学生的主动地位，有针对性地引导学生学习，调动学生学习的积极性和主动性，增加学生和教师之间的互动。

最后，能够增加英语翻译学习的额外时间。由于课程时长有限，对于大学英语翻译来说，足够的教学时间对于学生的学习至关重要。因此，通过慕课平台在教学中的植入，教师可以在慕课上发布跟课程相关的内容，教师也事先做好音频、视频，上传到慕课平台，间接增加了课程开设的时间。学生可以通过慕课平台直接学习，而不是仅仅靠每周安排的几次课程学习，避免了因较长时间的课程间隔，导致学生存在的碎片化记忆、知识不连贯等问题，提高了大学英语翻译课程的教学效率。

（2）慕课在翻译课程中的应用

目前，慕课学习平台的很多优势已经得到国内众多大学的认口。并且很多大学者在陆续地把慕课学习植入到学标的数学中去。事实证明，慕课教学可以有效地提高学生学习的效率，同时也可以提高教师的教学质量。因此，针对大学英语翻译的教学，教师可从以下几个方面结合慕课的优势对学生进行培养。

一是遵循大纲适当引入慕课资源。慕课作为一种新兴的网络学习平台，包含了大量免费的优质资源供学生学习参考。教师在选用慕课教育资源时应该遵守课程大纲，选择与所教授课程内容大致相符的学习资料。首先，教师要挑选难度适中目与教学进度一致的英语翻译相关的学习资料。其次，对于学习能力强的学生，教师可以在慕课上选择一门拓展英语翻译能力的课程推荐给学生，指导学生进行自主学习，提升英语翻译的水平和能力。教师在引入慕课资源过程中应该注重学习资源的整合优化。慕课背景下，学习资源碎片化、多样化，教师要花时间提前对学生学习的资源进行筛选，挑选有助于学生学习的课程资源，而不是笼统地全部选择。教师应确保学生在慕课上接触到课程是符合并且适合学生学习，对学生的学习是有帮助的。

二是设置问题引导学生自助学习。教师根据教学大纲合理安排学习内容，结合相应的课程教学选取慕课视频资料，并设置知识问答题目，在课堂教学之前要求学生观看并作答。学生可以根据自身的学习能力情况，有选择地观看课程视频。回答教师设置的问题，以此将学生对知识点的掌握程度反馈给教师。同时，在学习的过程中，如果学生遇到难题，可以通过慕课平台上的讨论社区与同学和教师进行讨论。教师还可以根据学生的学习情况，向学生提出一些更有难度的问题，从而引导学生进行更高阶的学习。

三是小组合作鼓励学生互助学习。在英语翻译学习中，不可避免地会涉及很多具有争议的知识点。因此，对于那些讨论价值高并且学生感兴趣的内容，教师可以通过设置小组分工合作的方式来对问题进行讨论。在小组合作的过程中，学生之间可以通过对话、商讨、辩论等方式有目的地学习。与此同时，教师还可以在慕课平台上记录下学生讨论的情况和有争议的问题，观察学生的学习状态，在后期将这些具有争议的问题和知识点放置到墓课平台上，让学生自行查看讨论的情况。通过慕课，每个人都可以看到自己的学习进度及观点的讨论结果，包括哪些同学的观点得到了大量的支持，哪些同学的观点存在错误等。通过这种线上的结果展示，不仅提高了学生的学习效果，同时激励了他们学习的积极性和主动性。

四是综合评价驱动学生全程参与。在英语翻译这门课程中，学习成绩的最终评价是非常重要的，成绩评价可以看出学生的学习效果和情况。在对学生学习成果进行评价时，应该要侧重于学生对于英语翻译知识的掌握程度。而对学生的学习过程进行评价时，则要侧重考查学生在学习活动中的参与热情、积极性等。具体的评价过程由教师和学生共同完成。在评价的过程中，教师应注重依托慕课平台，利用平台上积累的大数据作为评价学生学习态度和表现的一个依据，同时，学生在慕课平台上讨论区的讨论情况也可以作为成绩的一个评价标准。

5. 利用微课进行翻译教学

（1）翻译教学中微课的应用情况

互联网下，微课在各类教学中有了广泛的应用。微课教学可以让学生直观地学习英语知识，掌握英语知识架构，提高文化素养，训练英语使用技能。教师在开展英语微课翻译教学工作时，要引导学生增加英语知识储备，加强课内外英语技能训练。

微课的优势在于提高了学生翻译学习的积极性和效率。学生只有从传统的学习模式中解脱出来，变成英语知识的主动探索者，才能更好地学习英语翻译知识。微课为学生课上、课中、课下学习提供了有利的学习环境，摆脱了原先的时空限制，随时随地可以学习。微课中的音视频能给学生带来视觉、听觉的刺激，提高学生的学习积极性。首先，教师可以针对一些常用的翻译方法、基础的翻译理论及翻译原则制作一系列微课短视频，并给出习题。课前，教师可以发送这种理论加实践的微课给学生，输入翻译理论知识。课上，教师可以借助微课展示指导翻译训练，将微课中的理论输入实际操练中。课后，教师可以布置与翻译理论有关的练习，如有需要学生可以继续复习微课中的理论知识，加以巩固。这种教学模式改变了以往教师实际翻译教学时只让学生翻译大量的句子、词组检验学生翻译技巧的机械做法。虽然一些英语教师在翻译教学时，为学生提供了一些学习翻译的好方法，但是学生没有找到适合的翻译技巧，一些学生没有结合词汇所处的实际语言环境分析单词的含义，理解单词的应用。微课的应用，可以让学生在学习抽象的英语翻译知识时，以愉悦的方式，分析当前翻译背景与翻译文本之间的关系，激发斗志，增强英语翻译能力。

微课的不足之处是教师的微课制作能力不够，难以凸显微课的优势。微课的应用，是英语教师提高基础英语翻译教学效率的优质教学方法，目前由于部分教师制作能力有限，对信息技术教学工具重要性认识不足，难以凸显微课的优势。目前，教师主要通过提前录制微课、网上搜索微课教学资源等方式，引导学生了解英语翻译知识背景，可以在一定程度上提高学生的学习积极性，并让学生完成自主学习探究。但是一些英语教师制作微课时缺乏对整体教学方案的认知，不能准确挖掘教学重难点，以学生感兴趣的方式引出教学重难点。同时，一些微课制作粗糙，仅是 PPT 文件与音频的简单结合，难以充分发挥微课的优势，不利于调动学生的学习积极性。

（2）翻译教学中的微课的应用策略

一是完善微课教学内容，增强学生的翻译能力。应用微课并保证教学质量，首先要保证微课教学内容能实现教学目标。教师在制作微课之初，要围绕小节的教学目标确定相应的翻译理论及原则或翻译策略和技巧，再围绕这些翻译理论、原则、策略、技巧，制作新的微课或加工现有的微课资源，使其更有效地服务于教学。教师可以先让部分学生学习微课，让学生审视微课的制作效果，并与学生分析微课选材，再确定优化微课的方案，制作更完善的微课。也可以通过制作一系列有主题的翻译习题，督促学生巩固已学的基础知识和翻译细节。首先，教师在设计翻译习题时，要充分考虑学生的学习情况和日常学习表现，有针对性地考查学生的学习能力和掌握情况。其次，教师可以从学生熟悉的角度入手，让学生体会如何将翻译问题与实际相结合，找到实际问题与翻译技巧的契合点。在制作教学微课视频时，教师可以截取一些英文电影中的片段、经典文学作品中的字幕等内容，让学生体会不同应用情境下的翻译技巧，督促学生整理翻译技巧。微课的应用，可以让学生课前及时了解接下来要学习的翻译内容，课后再借助微课视频复习巩固所学知识，培养英语学习的积极性，提高英语学习的自信心。

二是创设英语翻译教学情境，培养学生的翻译思维。翻译技巧认识越深入，学生的英语翻译思维空间越开阔。教师在“基础英语”课程中应用微课进行翻译教学时，可以创设英语专业翻译教学情境，引导学生思考英语知识，培养学生的翻译能力。“基础英语”这门课程虽然不能用大量时间进行翻译教学，但是它有文本作为翻译实践的载体，有具体的、优质的、覆盖英语人文知识的英语文本，具备一定的文体风格，这是这门课程进行翻译教学的优势，更有利于学生在翻译学习时借助阅读英语文本提高对翻译的认识。这门课程更有利于创设翻译教学情境或者说它本身就是很好的教学情境，可以激发学生的翻译热情。在实际翻译教学过程中，教师一定要突出学生的主体地位，为学生准备更丰富的学习材料，鼓励学生课上积极分享翻译经验，找到学生普遍感兴趣的点。在具体教学过程中，教师要有意识地引导学生预习抽象且代表性强的知识，并在课上创设英语专业翻译教学情境。同时，教师在利用微课开展教学难点教学时，可以引导学生逐步建立对英语翻译知识的感性认知，让学生逐步抽象出英语知识，应用英语翻译方法解决实际英语问题。教师要合理控制微课教学难度，充分考虑学生的实际分析能力，让学生逐渐提高对英语翻译知识的认识。思维能力差的学生往往对翻译陷阱比较多的问题认识不到位，抓不住翻译问题的关键。因此，教师应该注重挖掘教材重要知识之间的联系，在引导学生掌握基本的翻译训练解题技巧的基础上，鼓励学生挖掘隐性的翻译知识，增强学生的翻译分析能力。

三是结合微课创设词汇翻译语境，提高学生对翻译技巧的认识。翻译的语境分析在大学英语翻译教学中的应用是较广泛的，教师应该仔细思考适合学生提高英语翻译水平的方法，帮助学生理解词汇在句子中的含义。微课可以为学生提供全新的学习环境，帮助学生更好地认识翻译问题。翻译是在一定语境中进行的，学生可以通过语境认识整句话的大体含义。英语专业词汇的熟词新义很多，多数学生只掌握了熟悉的词汇用法，却不能理解词汇的新用法。这就要求教师帮助学生全面理解英语词汇，特别是让学生理解词汇所对应的引申意义。加强学生对词汇和语境之间的对应记忆，让学生深入理解单词，增强阅读理解能力。

四是开展微课制作专题讲座，提高教师的教学水平。只有不断地学习和交流，才能够找到更多提高英语翻译教学的方法，真正提高翻译教学质量。其中，英语翻译教学工作的开展，离不开教师精心的课下教学设计与课上教学引导。微课是当前较热门的教学方式，可以激发学生的学习兴趣，也可以加深学生对英语翻译技巧的印象。教师可以从学生感兴趣的角度积极挖掘现有的英语教学内容，并将教学内容以学生感兴趣的方式展示出来，真正培养学生的翻译能力。教师也可以开展微课制作专题讲座，鼓励所有教师参与讲座，并分享教学经验。同时，学校可以邀请一些专业领域的教育专家，为学校教师提供专业的指导，解决不同教师在微课制作时存在的困惑。比如在关于微课制作内容的主题讲座中，教师可以与教育专家进行密切的沟通和交流，了解如何通过微课制作内容循序渐进地引导学生了解当前英语教学方法，真正提高教师的教学水平。教师还可以开展教研活动的模拟讲座，让拥有丰富教学经验的教师分享教学经验，并深入剖析不同学生的学习情况，真正解决实际问题，提高英语教学水平。

第四章 英语教学中的翻译教学探讨

英语作为一门语言学科，英语翻译教学是其主要内容，也是大学生英语听、说、读、写的综合体现。从当前高校英语学科教学来看，由于英语翻译教学模式陈旧、内容单一，使英语翻译教学成效不高，不利于大学生英语翻译能力的提升。本章分为英语翻译教学的现状、英语翻译教学的原则与方法、新时期英语翻译教学的模式三部分。主要内容包括：大学英语翻译教学现状、大学英语翻译教学的影响因素、英语翻译教学的相关理论、英语翻译教学的基本原则、适用于我国英语翻译教学的方法等方面。

第一节 英语翻译教学的现状

一、英语翻译教学的现状分析

（一）教学层面

1. 教学方法落后

现阶段高校英语课堂所使用的教学方法比较落后，无法满足素质教育发展的要求。大学英语课堂基本是以教师完成教学任务为目标，教学方法上以教材为中心，过于重视书面能力的培养以提升学生的应试能力，而忽视了学生的交流能力和反应能力，有悖语言学习的初衷，与英语教学的目的也不相符。近年来，科学技术飞速发展，即便如此为数较多的高等院校仍然应用传统的教学方法，导致课堂氛围缺乏趣味性，难以激发学生英语学习兴趣，无法取得良好的学习效果。

2. 教学理念僵化

随着互联网时代的来临，在很大程度上影响了教育教学的开展，而首要影响为加快信息流通以及社会变化，在此过程中人们必须改变以往形成的思想观念以及知识构成，由此满足时代发展需求。在现阶段的市场环境中，若高校毕业生想在就业市场中占据优势地位，一定要在第一时间改变自身的思想与观念，进一步丰富自身的知识，强调教学的知识实用性。

3. 教学内容落后

随着科学技术的快速发展和社会的不断进步，今天已经处于一个经济、文化多元化发展的新时代，人们的思想意识和观念也随之产生了变化，这种大氛围的改变使得学生的思想、个性也从根本上发生了深刻的改变，从而需要更丰富、更新鲜的教学内容来刺激他们的神经，激活他们的学习动力。但是，在今天，大部分院校的英语翻译教学内容仍旧大量沿袭和采用传统的教材，这些传统教材的专业性一般都较强，且比较偏重于理论，也不能反映现代社会的社会现实。同时，能够反映时代信息的科技、外贸、影视、媒介、法律、军事等题材的教材很少。这种情况下，学生不仅无法掌握更多的相关专业知识和专业术语，传统教材也给学生的翻译学习和实践造成很大的困难。

此外，有的学校给所有专业的学生配备了同一本翻译教材，而专业不同的学生对英语翻译的需求也是不同的，因此这种情况不仅不能满足各个专业的教学需求，而且会导致学生学不到和自己专业相关的语言知识，更不用说学到更多的翻译技巧了，同时学生的学习兴趣就会大减，学习的积极主动性也受到很大的打击。可见，在现代社会环境下，英语翻译教材的内容是否新鲜和全面都会在很大程度上影响学生的英语翻译学习，以及英语翻译能力的培养和提高，因此，使英语翻译教学内容与时代同步已经成为发展英语翻译教学刻不容缓的重要举措。

4. 翻译教材存在问题

许多高校大学英语翻译教学使用的教材内容单一，大多只是机械定义的罗列，且教材中所引用的案例陈旧，脱离现实，缺乏新鲜感和应用性，不适用于当下翻译实践的练习。在课后练习设计中，许多教材仍然偏向语法句法的复习巩固。教师在授课中只是从教材中拼凑出适用于教学的内容，学生也只是被动接受，没有真正达成作者与译者翻译理论和思想的交流。这种教学内容和形式的陈旧和封闭，不利于培养学生对翻译的兴趣和主动性。

（1）翻译课程的教学目标

就目前来看，高校的教学目标和其他院校并无太大的区别，都是以我国市场发展为主要向导，完成为国家和社会培养应用型和技术型人才的重要目标，主要重视学生应用能力的培养，在国家建设以及社会进步中作出更大的贡献。

针对高校的英汉翻译而言，要着重培养两个目标，一是理论目标，首先要学习翻译理论，知道翻译本身所具有的独特之处，多熟悉运用各种有用的翻译技巧，了解英汉两种文化和语言的不同，进一步体会思维的差异，留意中西文化和思维差异对翻译的影响，熟练掌握英语语言的运用能力，为以后的实习、工作垫好铺路石。二是培养能力目标，让学生深入彻底地了解中西方思维的差异，从英语句子的形式，词汇、句子结构的准确运用下手学习研究，最终要准确地表达出原文的中心意思和语言风格。平时要更加注重训练与培养，让他们熟悉使用多种有用的翻译技巧，为以后的翻译学习奠定扎实的基础。

（2）翻译教材与学生能力不配套

教材在教育环节中承载着巨大的作用，不仅是教授知识的教学工具，更是实现教育进步创新的重要基础标本。现阶段，对于我国高校的英汉翻译教学来说，教学中所使用的教材问题是目前最直接面临的困境之一，教材大部分是在20世纪80年代初编写或修订的，至今沿用了15～20年。与此极不相称的是，这期间，翻译研究在西方如火如荼，成绩斐然。因此，在担任翻译课的教师中，要求重新编写一套统编教材的呼声越来越高。但是翻译教材的编写涉及一些尚未达成共识的理论问题。

例如，最关键的就是教材的构架和体例前国内编订出版的翻译教学大纲仅限于刘和平编著的口译课教学大纲，其他翻译课程甚至是笔译课也缺乏统一的教学大纲和教材，中译外的教材更是如此，教材大多为自编教材或指定某一本教材，另外再附加一些例句和练习。这一类教材不符合高校学生的基本特点，很难在根本上促进英汉翻译教学的进步，无法突显满足高校的特点与要求。这也就导致了高校英汉翻译教学缺少适合自己的教材资料。甚至有一些仅存的教材仅侧重于英语翻译理论的讲解，忽视了学生在实际工作中应用能力的培养和训练，这一类教材对于高校的学生而言不能更好地“因材施教”。由于与高校英汉翻译教学相配套的实训指导书、教学文字材料、教学软件、教学音像材料等教学资料更是寥寥无几，严重地限制了教师对学生实际应用能力的培养，使英语翻译的教学效果受到很大影响。

5. 翻译教学模式落后

传统的教学模式以教师为中心，知识传播单向地由教师指向学生，只注重最终译文呈现效果，而忽视翻译过程中的交流与合作，难以激发学生兴趣和主动性，学生课堂参与度较低，无法充分发挥学生的主体作用。

此外，传统教学模式侧重传授翻译理论知识，忽视实践教学和案例教学。翻译是一门强调实践性的课程，只传授理论不经过大量的实践练习，无法有效提升学生的翻译能力和表达能力，也不利于逻辑思维和创新能力的培养。而脱离案例教学或拘泥于教材中陈旧和不贴近现实的案例教学，实质上就是忽视了翻译的“实用性”，不利于学习者应用能力的锻炼，也是学习者与社会及企业难以实现良好接轨的重要原因。

（二）教师层面

1. 整体师资力量不足

对于教学水平而言，师资力量与之密切相关，是一项决定性因素，因此为提高教学质量，首先必须提高教师队伍的素质。所以在时代不断发展的过程中，教师也需要提升自己的教学理念和能力，紧跟时代步伐。但是，在高等院校大幅提高招生人数的情况下，师资越来越发不足，同时存在英语教师缺乏专业素养，此种种现象也一定程度上阻碍了高等院校英语教学的可持续发展。

与专业英语翻译教学的师资队伍相比，大学英语翻译教学的教师队伍还不够完善，其中还有一部分是以语言学、文学等研究方向转向翻译教学的教师。

翻译是一门实践性很强且对综合能力要求很高的课程，这些教师长期担任英语教学，汉语知识水平相对匮乏，而翻译教学不仅要求教师具备高水平的英语综合能力，而且汉语基础也必须夯实。此外，这些教师在翻译理论素养和翻译实践经验方面也有所欠缺。因此，现有的一些从事大学英语翻译教学的教师的业务能力可能不足以应对翻译教学的要求[3]。

2. 教师素质普遍偏低

大学英语教师队伍中，相当一部分是从学校到学校的教师，他们的翻译实践很少甚至为零，根本不知道如何捕捉翻译的时代脉搏，从而导致了学生所学与社会所需严重脱节，而翻译教学思想应该反映时代的特征，体现翻译所肩负的重大使命，这是翻译教学最基本的价值观；另外，国家为了满足高等教育大众化的需要和经济发展的要求，高等教育的规模按每年 8%左右的速度继续发展，目前英语教师和学生之比已达到 1∶130。师资紧张直接导致了班级规模日益扩大。授课班级过大、学生多，不少教师难以因材施教，只能以“满堂灌”的形式来开展课堂的翻译活动；此外，迫于平时工作繁忙，科研任务重，教师

[3] 杨敏．大学英语教学改革背景下的翻译教学研究［J］．内蒙古农业大学学报（社会科学版），2011，13（06）：141-143.

没有足够的时间和精力进修或自修以提高自身的素质和业务能力。以其昏昏，怎能使学生昭昭呢？学生的翻译能力可想而知。

3. 教师缺乏跨文化意识

从事大学英语翻译教学的许多教师没有意识到跨文化意识在翻译教学中的重要性，没有积极指导学生增强跨文化意识或引导方式不够科学合理，造成学生跨文化意识薄弱，在翻译实践过程中容易忽视语言背后这一重要的文化因素。

4. 教师思维差异意识薄弱

一个好的教师团队在英汉翻译的教学中占有非常重要的作用，只有教师良好的教学引导加之技巧的教学搭配才能在教学中产生有利的效果。但是，目前我国高校的教师团队也存在一定的问题，对英汉翻译教学的进展也存在十分不利的影响。现阶段，我国大多数的高校英汉翻译课教师是出自本科院校英语专业，他们通常是掌握较为扎实的普通英汉翻译的理论知识，却对英汉翻译的实战上缺乏一定的专业性学习，对于特别的专业性较强的翻译学习也会出现翻译不准确等现象的发生，没有专门的实践学习，靠仅有的知识生硬的翻译，导致不是非常专业，更不能有效地指导学生，使其能有专业的基础。老师教的困难，学生更是难上加难。因此，作为传授知识的英语教师，必须掌握一定的文化知识，必须不断学习，提高自己的差异认识理论，将这些理论运用到教学中去影响学生改变学生的思维本土认识。

目前，高校的教师正缺乏的就是这种对中西思维差异的认识，大部分教师都是从本科毕业直接走向工作岗位，从大学里学到的知识直接照本宣科的传授给学生，没有出过进行深造，没有在国外的环境感受过纯正的英语语言环境，也没有在大学的时候专门的深入了解分析思维差异到底对翻译有什么样的影响，问题是怎么样出现的，所以给学生教学上的直接反应就是，传授翻译知识只停留在表面功夫，单纯的一些生硬的翻译技巧，对英汉教学无法得到自由发挥，学生学习起来也没什么兴趣可言，如此反复循环，导致了高校英汉翻译教学很难顺畅的深入开展下去，对学生的学习产生了不利的影响。

（三）学生层面

1. 翻译过程生硬

学生不重视课外英语材料的阅读，知识面得不到拓宽，阅读量较小，容易把重心只放在课堂内容和语法句法的练习，这使得学生普遍缺少文化素养，导致对中西方语言及文化差异认识不足，在翻译过程中虽能翻译词句，却无法理解和准确表达历史、文化等背景下的内涵。且由于缺乏跨文化意识，学生易被汉语思维束缚，在翻译实践中只以汉语语言规则及习惯思考，易产生不准确的推论，给翻译造成障碍。

从高校英语翻译教学角度来说，英文文化价值导向偏失、自主思维短缺等现象普遍存在，随着科技水平不断提高，快捷方便的英语翻译软件被大量开发，软件使用成为学生进行英语翻译的必备手段，过渡对翻译软件依赖，必将会影响学生英语翻译水平，也不利于跨文化意识培养的有效开展。

2. 学生的英语功底较弱

（1）学生英语功底不扎实

近年来，我国高校不断扩招，从某种意义上讲，如今的学生的平均综合能力水平不如以往。学生英语基本功不扎实，不仅会直接影响到翻译课程教学，也给教师的翻译课程教学带来一定的困难。颁布于 2004 年 1 月的《大学英语课程教学基本要求（试行）》（以下简称《要求》）中对大学生的英语翻译能力提出了广泛的要求。《要求》提出，高校大学生应能借助词典对题材熟悉的文章进行英汉互译，英译汉的速度应最慢为每小时 300 个英语单词，汉译英的速度应最慢为每小时 250 个汉字。大学生翻译的译文应基本流畅，并可以在进行英语翻译时使用一定的翻译技巧。根据目前的调查发现，虽然我国对大学生的翻译能力提出了具体要求，但是这一要求对今天已经学完大学英语教材的学生来说还是有一定难度的。在大学英语翻译教学的实践活动中，常常可以看到这样的现象：一方面，学生能够明白某篇英语文章，以及文章中的某些段落和句子的意思，要他们做阅读理解或选择填空这种客观性较强的练习时他们可以很好地完成，但是如果要他们用母语（汉语）将这些英语文章或段落、句子准确地翻译出来，就比较困难了。大多数学生在进行英语翻译时，常常会拘泥于原文句子的结构和词序而对其进行直译。另一方面，如果需要将汉语翻译成英语，这对学生们来说困难就更大了。而学生的英语翻译水平在很大程度上影响了他们对语言的学习及其他能力的培养，也在根本上制约了学生英语翻译水平的提高。

翻译能力是语言综合运用能力之一。然而，从被公认为可以衡量英语学习者水平的一些大型标准化语言测试可以看出，学生的翻译能力有待提高。

首先，部分学生不能正确选择词义或者根据上下文引申词义，从而造成译文理解上的障碍，甚至闹出笑话。

其次，学生汉语译文的词序或句序，拘泥于英语原文的词序，在英汉表达习惯不同的情况下，常出现一些牵强、别扭的译文。

学生通常不善于根据汉语译文的需要而改变词量，添加词或减少词也是在译文过程中常见的错误。英语原文中有几个词，其译文就有几个词，这种译文常出现错误甚至过于累赘。

再次，模式固定。英语中被动语态使用较广，学生翻译这种句型时经常译成“……被……”，使译文生硬。

最后，英语中经常会出现很长的句子，学生在译这些长句时，往往不善于将长句中的前置词短语、定语从句等转译成分句，从而在译文中出现人们不习惯的外语式长句。

学生在学习翻译的过程中，发现自己的不足后，有的非常重视，对翻译学习也持认真的态度，然而他们却没有找到适合自己的学习方法，以致事倍功半，并且产生了畏难情绪。另外还有些学生，学习态度不端正，往往是看看答案，或者是大致地翻译后便去对答案，这种学生的依赖心理和惰性都比较强，一旦发现自己的翻译能力总是不能提高，就产生了焦虑的情绪。从平时学期考试和历届四、六级考试的成绩看，学生的实际翻译水平亟待提高。很多学生的翻译测试部分是交了白卷或胡写乱画的，这直接影响了他们的整体英语水平。对学生的调查问卷结果显示，越来越多的学生已经意识到了这个问题，并由此产生了极大的焦虑心理和畏难情绪。同时，学生的翻译练习实践中也暴露出了很多不足。很多学生在平时学习过程中，钟情于林林总总、五花八门的教辅书，对老师布置的课文或句子翻译练习，直接在教辅书上对一下答案了事，不进行仔细的推敲和揣摩。就是在做模拟试题时，也是跳过翻译部分，或草译一下便急于核对答案，结果当然可想而知。这样的学生惰性强，只寄希望于老师讲解，不愿亲自下功夫实践，只是盲目焦虑，依赖心理重。另有一部分同学认识到了自己的翻译能力不足之后，非常重视，对平时的翻译学习和操练也持认真的态度。可是他们没有找到适合自己的学习方法：或找一本翻译理论书硬啃条条框框，或稀里糊涂地做一大堆练习而不善于及时归纳总结知识要点，更不懂得将翻译学习与其他技能的提高互联，其结果是感到翻译学习事倍功半，又产生了畏难情绪。这都不利于翻译知识的学习和翻译能力的提高。

（2）学生对英语文化不甚了解

目前我国的学生对英语文化知识的了解较少，这也是造成他们在进行英语翻译时语误频频的重要原因。

现阶段我国大批院校在英语翻译的教学中对与英语相关的文化知识重视不

够，这就使得学生对西方民族文化的习惯、信仰以及价值观等方面的背景知识文化不甚了解；同时，在英语翻译学习中学生也没有进一步地去了解英语单词在不同句子中的不同意思，使得他们只会按照字面上的意思去进行英语翻译。

举例来说，英语单词 help 最普遍的意思是“帮助”，但是它在不同的句子里有不同解释，拿“Please help yourself to some pork.”这个句子来说，意思是说“请随便吃点肉”，help 在这里是充当的是句式的一部分，因此不能拿来单独翻译；而在“The medicine helps a cold.”这个句子指的是“这种药可治疗感冒”，可见在这个句子里也不能直接地将 help 翻译成“帮助”，而要依据上下文的意思进行翻译，在这里译成“治疗”就比“帮助”更加确切。学生们因为对西方文化缺乏一定的了解，再加上汉语语言习惯和思维惯性的影响，在具体的英语翻译实践中，常常会造成对英语的误解，致使出现翻译语误，例如在“You are a lucky dog.”这个句子中就不能将 lucky dog 翻译成“幸运狗”，而应将其翻译成“幸运儿”，之所以这么翻译，是因为在西方国家里，狗被看成人们的好朋友，因此也就有褒义。此外，在学习英语翻译的过程中，学生也常常会因为对西方语言环境及文化的不了解，而译出一些中国式的英语，从而闹出笑话，类似的例子有将“好好学习，天天向上”翻译成“good good study，day day up”，将“给点颜色瞧瞧”翻译成“give some colour see see”等，产生这些现象的根本原因往往是由于学生对西方的思维方式、表达习惯等不了解。

3. 学生的英语学习带有功利性

受应试教育的影响，学生学习英语不是为了提高自身的能力，而是为了应付各类考试，获得相应证书。这种带有功利性的英语学习虽使学生增加了词汇量、提高了语法运用能力，但也会导致其翻译能力和跨文化交际能力相对不足。

二、英语翻译教学的影响因素

（一）学生方面的因素

1. 学生对翻译的认识

翻译界长期存在着“翻译不可教，或者翻译不需教”的思想。“会外文就能干翻译”的论调在我国相当流行。有的教科书当中的翻译习题，相当一部分内容好像是炒语法课的冷饭，翻译似乎是语法的延伸或附庸，看不出翻译这门学问有什么独特的内容和地位。这些思想的存在毫无疑问影响了学生对翻译教学的认知，进而影响到学生学习翻译的态度。

2. 学生的外语学习基础

翻译教学需要学员有较好的英汉语言基础和较广的知识面，这样有利于进行翻译专业知识和翻译技巧的专门培训。但在大学英语教学实践中往往会发现学生的实际情况与此要求有较大差距。

3. 学生的学习态度和方法

从平时学期考试和历届四、六级考试的成绩看，学生的实际翻译水平亟需提高。很多学生的翻译测试部分是交了白卷或胡写乱涂的，这直接影响了他们的整体英语水平。对学生的调查结果显示，越来越多的学生已经意识到了这个问题，并由此产生了极大的焦虑心理和畏难情绪。同时，学生的翻译练习实践中也暴露出了很多不足。很多学生在平时学习过程中，钟情于林林总总、五花八门的教辅书，对老师布置的课文或句子翻译练习，直接在教辅书上对一下答案了事，不进行仔细的推敲和揣摩。就是在做模拟试题时，也是跳过翻译部分，或草译一下便急于核对答案，结果当然可想而知[4]。这样的学生惰性强，只寄望于老师讲解，不愿亲自下功夫实践，只是盲目焦虑，依赖心理重。另外，有一部分同学认识到了自己翻译能力方面的不足之后，非常重视，对平时的翻译学习和操练也持认真的态度。可是他们却没有找到适合自己的学习方法；或找一本翻译理论书硬啃条条框框，或稀里糊涂地做一大堆练习而不善及时归纳总结知识要点，更不懂得将翻译学习与其他技能的提高相关联，其结果是感到翻译学习事倍功半，又产生了畏难情绪。这都不利于翻译知识的学习和翻译能力的提高。

（二）教师方面的因素

1. 教师对翻译教学的认识

许多大学英语教师认为翻译理论和技巧不需要专门教授。他们认为只要学好了听说读写，翻译自然就会了。为此，教师要确立“把翻译作为语言基本技能来教”的指导思想，要明确“培养综合素质好、专业精通、外语基础扎实、掌握了翻译技巧和解决翻译问题的能力、适应性强的复合型人才”的教学目标，在教学中有意识地培养学生的翻译能力。

[4]　康春杰，陈萌，吕春敏．基于错误分析理论的英语翻译教学研究 [M]．长春：吉林文史出版社，2017.

2. 教师的专业素质

搞好大学英语翻译教学要求教师必须具备一定的翻译理论知识和课堂组织能力。一般来说，大学英语教师都学过翻译课，但毕业后却没有实践或缺乏实践。这使得很多教师理论基础薄弱，进行翻译教学时感到力不从心，无从下手。由此导致教师对翻译技巧的讲授缺乏整体的规划，常常是有时间就讲，没时间就不讲，随意性很强，讲解时也是只言片语，缺乏系统性。至于对学生进行系统的翻译训练，就更少了。教师们反映，迫于科研任务重，授课时量及备课讲课、批改练习等工作量很大，普遍感觉负担沉重，难得有足够的时间和精力进修或自修以提高自身的素质和业务能力。倘若教师自己的英汉语言水平欠佳，缺少翻译理论和实践研究，缺乏教学法知识，知识面不够广，就难以保证翻译教学效果。

3. 教师的教学方法

外语教学方法历来是外语教学界讨论得最多，分歧最大的一个重要内容。用什么样的方法进行翻译教学是一个见仁见智的问题。所谓“学无定法”，教亦无定法。翻译的实践性决定了翻译教学的方法必须以培养学生的实践能力为目标；翻译的艺术性又要求翻译教学必须尊重学生的创造性和主观能动性的发挥。

然而，大学英语翻译教学中，教师大多采用传统的师徒相传式的教学方法，让学生完成课后翻译练习，然后逐字逐句地核对参考答案，最多简单介绍一下‘信、达、雅’和‘神似’‘化境’等中国传统译论，基本上可以说是一种工匠式的传授方法，不讲理论依据和科学方法，使学生‘只见树木，不见森林’，只知‘鱼’而不知‘渔’，无法在今后的翻译实践中掌握科学的方法和更大的主动权。这种以教师为中心的教学方法，将改错作为教学手段，将教师提供的参考译文作为翻译教学的终极目的，不符合真实情况下的翻译的本质特征，极大地扼杀了学生学习翻译的创造性和主动性。

（三）教材方面的因素

教材的选用在很大程度上反映了教学的指导思想。纵观我国几十年非英语专业教材和外语教学的发展状况，翻译一直未受到足够重视。在教材方面，非英语专业的学生始终缺乏专门的英汉互译教材，对“译”的技巧的处理和练习完全局限于课后的翻译练习。翻译练习在很大程度上只被作为巩固课文中所学语言知识的手段，是被用来检查学生对语言知识的理解程度的。翻译练习的内容与他们所学的专业脱节，对他们今后的工作需要没有实际意义。同时在汉英翻译练习的设计中尚存在汉语句式覆盖面过窄的问题，在一定程度上也弱化了这种练习形式的作用。教材是教学内容的重要载体，是教学实施的物质基础。教材的选用能否满足学生对翻译学习的需要，很大程度上影响着英语翻译教学的质量。

（四）环境方面的因素

1. 社会环境

随着我国对外开放的进一步发展，在政治、经济、文化等领域的国际交流不断拓展与深化，社会对不同层次翻译人才的需求量越来越大。分析社会环境在于了解社会对复合型人才的需求状况，翻译市场对人才素质的要求。对社会环境和社会需求进行分析，对大学英语翻译教学目标的确定与内容的选择等产生重要影响[5]。

2. 学校环境

分析学校环境在于明确学校现有的教学条件与学校的政策支持。影响大学英语翻译教学质量的教学条件包括师资情况、学时安排、教学班的规模、教室的设备、辅助学习条件等。进行大学英语教学的教室都为多媒体教室。但是很多教师只把多媒体用于书写电子黑板或者展示教案。多媒体是现代教学的特征，多媒体不应该只是用于书写电子黑板，更重要的是搭建多媒体和互联网的教学平台，拓展教学的延伸和层面，将更多新功能添加到翻译教学中，使教学信息丰富、内容多样，激发求知欲和学习的乐趣，根据学生的个性因材施教，倡导鼓励学生学习的主动性和积极性，使教与学在多媒体网络平台中得以理论和实践的升华，使课堂教学得以延伸。

第二节　英语翻译教学的原则与方法

一、英语翻译教学的相关理论

在翻译教学中，有多种理论为其提供指导，而且每一种都起到了重要的作

[5]　康春杰，陈萌，吕春敏．基于错误分析理论的英语翻译教学研究［M］．长春：吉林文史出版社，2017.

用。下面对几种翻译教学指导理论进行简单介绍。

（一）文本视角理论

文本视角理论主要关注翻译的语言结构，保证翻译结果同原意相近。这种理论主要研究语言的表层含义，对词语转换的方法进行分析。因为文本视角理论并不关注外界的语言环境，只考虑语言表层意思，所以其缺乏权威性。严复针对翻译提出了“信、达、雅”的原则，其中的“信”要求准确，“达”要求通顺明了，“雅”则要求得体。实际上，翻译既要保持语言的对等性，也要关注文本类型、语言环境等许多对语言产生影响的因素，而文本视角理论却并不关注外界因素，因此其对于翻译的指导具有很大的局限性。

（二）交际视角理论

文本视角理论存在一定的局限性，而且其理论支撑不足，因此人们开始从新的角度、以新的方式研究翻译。翻译活动不是孤立的，而是存在于跨文化交际中的活动。不同的语言经过翻译后，原文和译文具有对等性，这成为人们深入研究的关注点。人们开始对语言文本所处的环境进行探索，将对等性作为研究的核心内容。最早提出功能翻译理论的是尤金・A・奈达，他认为翻译不是简单的文本转换，而是不同语言的交流，在研究翻译时，译者应该采用交际视角理论对翻译的过程和结果进行分析。从交际视角来看，翻译从语言的层面向人的层面扩展。

（三）符号视角理论

美国学者查尔斯・威廉・莫里斯是现代符号学的创始人之一，他提出了符号视角理论。而瑞士语言学家费尔迪南・德・索绪尔认为语言有着符号所具备的特点，因此将其划分到符号系统中。符号具有“所指”和“能指”的特点，其中“所指”表示符号的内在含义，“能指”则表示符号的外在表现。

符号理论的提出，使翻译和符号、文化得以区分。语言也有“所指”和“能指”的特点，并且同符号的形式、意义、代表的事物息息相关。

二、英语翻译教学的基本原则

（一）文化性创新原则

高校英语翻译教学的有效性开展，需要立足于当前高校英语翻译教学困境，采取有效的教学方法，突破教学困境，达到实效性的高校英语翻译教学成效。

针对当前英语翻译教学文化性缺失问题，应重视英语翻译教学文化信息的融入，以文化信息为导向，丰富、拓宽英语翻译教学内涵，达到良好的英语翻译教学目的。

同时，将文化信息融入英语翻译教学中，也是“一带一路”倡议所提倡的，要求教育领域培养国际化发展型人才。国与国之间习俗、经济发展、政治等信息的不同，其文化信息也存在差异性。这就需要大学生不仅对本土文化进行了解，也要对沿海地区、国家文化进行了解，以文化为推助力，运用英语语言与其进行友好的交流，以此才能够达到英语翻译的有效性。因此，在高校英语翻译教学的创新中，需要遵从文化性原则，将沿海国家、地区的文化渗透到英语翻译教学中，使大学生根据不同国家的习俗、风情进行英语翻译，以提升大学生英语翻译水平。

（二）主体性创新原则

在高校英语翻译教学创新中，需要遵从主体性创新原则。换言之，高校英语翻译教学的内容选取、教学方法的运用、教学模式的搭建等都要围绕大学生进行，根据大学生英语素养的培养、英语翻译能力情况等信息，设计英语翻译教学模式，推进英语翻译教学在英语学科教学中的有效性开展，以达到良好的英语翻译教学成效，培养大学生核心素养。同时，高校英语翻译教学以主体性的创新原则为导向，需要翻译教学的教学目标、人才培养方案等都围绕大学生进行，以立德树人为教育基础，通过英语翻译教学的开展，促进大学生综合性发展，进而提升高校英语翻译教学质量。

（三）信息对等原则

所谓信息对等，指的是在对所需要翻译的内容进行翻译的过程中，无论是书面翻译还是口头翻译，都必须保证译文的内容与原文的内容是对等的，不可以出现随意篡改内容，或者是在翻译中夹杂个人的意见的现象，进而影响翻译的真实性以及翻译的效果。例如，在对电影内容进行翻译的过程中，一定要保证翻译的情节内容与原电影情节以及内容的吻合性，实现信息对等原则的发展以及应用。

（四）文化对等的原则

众所周知，中西文化之间存在一定的差异性，因此，对于所需要翻译的内容的翻译，除了要保证信息的对等性以外，还应该保证文化的对等性，只有这样，才能保证对方能够理解自己所讲述的内容。例如，在对于中国的典故的翻译上，由于很多中国的典故西方都是没有的，且都是不知晓的，因此，在翻译的过程中，就需要翻译者寻找正确的方法进行翻译，进而实现文化的对等性。

比如，对于中国的草船借箭的典故，翻译者在进行翻译的过程中就需要寻找外国的一个与此相似的典故来进行对等交换翻译。而倘若外国并没有这样的典故的情况下，也可以采用注释讲解的方法让对方了解到我们所要讲解的故事以及所要讲解的内容的含义，进而实现文化的对等性，帮助语言接受者进行理解。

（五）高度逻辑性原则

无论是对于书面翻译还是对于口头翻译，翻译者都必须具有高度的逻辑性，在翻译的过程中，除了要能够准确地翻译出所需要翻译的内容以外，还需要保持清晰的思路以及良好的逻辑性，进而保证翻译的内容是条理清晰的，让对方能瞬间理解自己所翻译的内容的含义。尤其是在商务翻译的过程中，更是要保持高度地逻辑性，且翻译的过程中，一定要谨慎，有的时候，一个很小的错误，都有可能导致整个商务交易的失败。由此可见，在翻译的过程中，除了要保证信息的对等性原则、文化的对等性原则以外，还需要秉承高度的逻辑翻译原则。

三、适用于我国英语翻译教学的方法

（一）图式教学法

所谓图式教学法，就是运用图式理论，激活学生的背景知识，然后，在大脑中形成不同的模式。图式是一些知识的片段，是大脑对过去经验积极组织，是学习者将储存的信息对新信息起作用的过程。也就是说学习者如何将这些新信息融进原储存的知识库中就是图式的过程。如果面对的新信息在大脑中没有现存的类似图式，就会对所学知识的理解产生消极影响。英语教师在教学过程中，要在传授新知识的同时，激活学生头脑中已经储存的知识结构，使新信息更容易被理解和吸收并融合到已有的图式中，从而能正确地理解所学的新知识[6]。

[6] 闫冰．听、说、读、写、译：基于提高综合应用能力的大学英语教学研究[M]．成都：电子科技大学出版社，2016.

（二）推理教学法

推理教学法源于人类的基本思维形式，即由已知判断推出未知判断。推理教学法应用到教学过程中，主要指的是教师在教学中引导学生从已知现象推出未知现象或本质。进行英语翻译时，有些文本需借助合理的推理才能更好地理解它，涉及的思维活动包括分析、综合、演绎、归纳等。翻译时学习者在看到文本内容后，教师要引导学生根据现有的知识和经验作出推理，把文本中的所有内容都联系起来，这样学生能更容易充分理解每个句子。翻译时采用推理教学法可以增加信息的容量，把握事物之间的联系，促进对语言的理解。学生对某一语言的掌握，总要经过日积月累，从一些旧结论推出新结论，从而形成完整的知识框架。教师要在课堂中给学生教授一些推理的技巧和方法，可以从作者的暗示或者联系上下文进行推理，或者利用文本中的解释和定义对某些词句进行推理等，以使英文翻译能够顺利进行。

（三）猜词教学法

学生的概念能力是指一种洞察复杂环境程度的能力和减少这种复杂性的能力。具体地说，概念技能包括理解事物的相互关联性从而找出关键影响因素的能力，确定和协调各方面关系的能力以及权衡不同方案优劣和内在风险的能力等。大学生英语基础较差，词汇量不够，如果对关键词不理解，词句、段落就不能形成概念，这样很容易对内容进行胡乱猜测，所以要指导学生使用猜词策略[7]。

（四）语境教学法

语境教学法就是通过创设具体的语言环境来导出或解释新的英语单词的一种教学方法。

运用情景教学法主要可从如下几方面入手：①创设情景来呈现词汇。在英语教学中，我们也可以把情景理解为语境。在我国，学生们缺少英语学习的语境，而英语水平的提高需要学生们在一个轻松、自在的接近母语环境中进行长期的练习，而教学所要做的就是尽可能地为学生们提供这种接近母语的语境。②通过阅读呈现词汇。词汇是阅读的基础。在听、说、读、写四种语言技能中，词汇与阅读的关系最密切。因此，高校英语教师应该教会学生在日常阅读中积累词汇，让学生们在阅读英文时就像平时在阅读中文那样会不自觉地去学习一

[7]　李红霞．大学英语教学研究［M］．天津：天津科学技术出版社，2017.

些新的词汇一样，比如什么非典，申奥等，都是原来很少说到，而慢慢学会的。再一点就是在欣赏内容、欣赏文字的同时，去培养一种语言的感觉，就像我们平时不怎么费脑子就脱口说中文一样。

（五）任务教学法

任务型翻译教学模式是一种以学生为中心，教师根据学生的实际水平设计任务，创设真实的或类似于真实的学习情境，引导学生利用信息资源进行可理解输入、输出、协作学习、主动完成任务，以实现意义建构，提高学生翻译能力的相对稳定的操作性框架。该模式反映了外语教学从关注教法到关注学法.从以教师为中心到以学生为中心，从注重语言本身到注重语言习得的转变，既强调语言形式，又注重它的意义，将语言的用法、用途融为一体，具有较强的操作性，因而是对我国传统教学模式的一种革新，必将为培养更多适应新世纪发展需要的翻译人才奠定坚实的基础。

1. 任务型翻译教学法概述

任务型语言教学（Task based Language Teaching，TBLT）是 20 世纪 80 年代外语教学法研究者提出来的又一个有重大影响的语言教学理论。它主要以二语习得理论、心理语言学理论和社会构建理论为坚实的理论基础，以学生为中心设计具有明确目标的真实任务，激发学生的学习兴趣，提高其参与互动性，促使学生积极主动地使用语言、协作学习、主动完成任务，以实现意义建构，提高学生的翻译能力。

（1）任务的定义

许多学者分别从任务的范围（主要指涉及语言的任务）、视角（任务设计者的角度还是活动参与者的角度）、真实性（现实生活中有意义的活动）、语言技能（可能会涉及语言的任何技能）、心理认知过程（如领悟、使用、输出、互动、推理等）、结果（注重任务的实际完成）等方面对任务的定义进行了阐释。例如，朗（Long）从非语言学的角度把任务定义为自己或他人从事的一种有偿或无偿的工作，即人们在日常生活、工作、玩要中所做的各种各样的事情。理查兹、普拉特和韦伯（Richards，Platts & Weber）从语言教育学的角度将任务定义为：任务是指处理和理解语言的一个行动或活动。布林（Breen）的定义是：任务是任何促进语言学习的工作计划，它具有特定的目标、恰当的内容、规定的程序和一系列的结果等基本特点。大卫・纽南（David Nunan）在综合各家观点的基础上，定义概括为：交际任务是指导学生在学习目的语的过程中领悟、使用、输出和互动的课堂交际活动。它重点关注的是意义，而非语言形式。拜盖特、斯凯恩和斯维因（Bygale Skehan & Swain）对任务的定义是：任务是要求学生使用语言为达到某个目的而完成的一项活动，活动的过程中强调意义的表达。埃利斯（Ellis）对任务的定义是：任务是那些主要以表达意义为目的的语言运用活动。尽管各家说法不一，但任务都涉及语言的实际运用。学生共同努力，相互协助，一起完成任务，其过程就是模拟真实世界的体验过程. 这充分激发了学生的学习积极性和能动性，而学生在社会交往中通过分享信息解决问题而向同一个目标努力的过程中学习效果最好。

（2）任务的特征

根据斯凯恩（Skehan）提出的任务构成要素（意义首要，解决交际问题，真实活动，关注任务完成，评价取决于结果），结合其他学者的观点，任务作为一种课堂教学活动应具有以下特征。

①完成各种真实的生活、学习、工作等有意义的任务，促使学生运用真实的语言。

②学生使用语言完成任务时，关注的重点是意义的表达而不是语言形式的操练，即重视学生如何沟通信息，而不强调学生使用何种语言形式。

③在教学过程中，任务可以涉及 4 种语言技能的一项或多项，包括各种增加语言知识和发展语言技能的练习活动。

④任务必须有具体的结果，即完成任务最受关注，至于如何完成及完成的情况次之。

⑤任务的评价取决于结果，任务完成的结果是评估任务是否成功的依据。斯凯恩（Skehan）指出，设计任务时应尽量避免：让学生只是鹦鹉学舌；仅展示语言；追求一致与人雷同；机械性的操练以及为了特定句型结构硬把语言插入材料中，威利斯（Willis）给我们提供了一些问题，借以鉴定设计的活动是否为真正的任务：能否激发学生的兴趣？是否有完成结果？活动的成功是否以结果来评判？任务完成是否优先？和现实的真实活动是否相关？得到肯定的回答越多，就越接近真实的任务。了解任务的正面、反面特征，以上面的标准为指导，有助于设计真实、有意义、操作性强的活动，使学生有机会自由地选择生活中实际使用的语言完成任务。

2. 任务型翻译教学模式的教学原则

（1）坚持以学生为中心

这一原则是指在任务型翻译教学模式中，教师要以学生为中心，引导学生充分发挥其在认识和实践中的主体作用。学生是知识建构的主体，学生的认知参与、主动思考直接影响任务的完成。离开学生积极主动的参与，任何学习都是无效的。教是为学而存在、为学而服务。教师的主导作用必须也必然有一个落脚点，这个落脚点只能是学生的学习。所以，教师一定要注重发挥学生的主体性，以学生为中心，从学生的需要和兴趣出发，根据学生的实际水平设计不同的任务，创设适当的学习情景，引导他们积极利用多种信息资源，与学习伙伴合作、协商，共同完成任务。教师必须激发学生的参与意识，为其提供参与机会，最大限度地发挥学生的主观能动性。翻译知识和技巧的获得是由学生主动探索、思考、实践等亲身体验和探究出来的，教师只是探究的组织者、指导者、促进者和评价者。

（2）坚持以任务为主线

任务型翻译教学模式区别于其他教学模式最根本的特点就在于它强调以各种各样的任务为主线，强调采用具有明确目标的“任务”来帮助学生更主动地学习和运用语言。所谓任务，就是一种活动，具有以意义为主、有某种交际问题需要解决、与真实世界的活动有某种联系、完成任务优先、以结果评估任务五个特征。就任务型翻译教学而言，任务的内容主要有对比英汉语言文化、认知翻译理论和技巧、积累各种文体的翻译实践经验等。任务型翻译教学要求教师以任务为主线来组织教学，自始至终地引导学生通过完成具体任务驱动学生学习翻译，获得和积累相应的翻译知识和技巧，锻炼提高翻译能力。

总之，该模式重视学生在执行任务过程中的参与和协作，重视学生在完成任务过程中的能力和策略培养。学生在学习时首先考虑的是如何完成学习任务，而不是学会某种语言形式；所谋求的目标不再是机械的语言训练，而是实际翻译能力的培养。

（3）坚持以协作互动为方式

任务型翻译教学模式不仅重视培养学生独立探究的精神，还重视培养学生的协作精神，力图使学生在完成任务的过程中，通过学生、师生多向互动、协作，通过意义磋商、交流、大量的语言输入和输出，培养和发展学生的实际翻译能力。

任务的完成过程是协作互动的过程。一方面，协作互动有助于学生建立对任务更为全面的理解，加深对意义的建构；另一方面，协作互动会使学生产生让别人明白自己表达的需求和达到这一目的的喜悦。有助于激活其学习动机，让其通过与他人的协作互动，从事大量翻译实践，积累翻译知识和技巧。任务型翻译教学强调协作互动学习的重要性，将学生个人之间的竞争转化为学习共同体之间的竞争，培养了学生之间的协作精神和团队精神，也弥补了一个教师难以应对众多有差异的学生的不足，真正实现了使每个学生都能得到发展的目标。

（4）坚持以学习情景为前提

情景是指一定的社会文化背景。学习情景对翻译知识和技巧的建构起着重要作用，不同的学习情景对翻译理论的理解与建构、对翻译技巧的选择与使用都会产生重大影响。真正的、完整的翻译知识只能在真实或类似于真实的学习情景中才能获得，翻译技巧的实际掌握也必须在真实或类似于真实的学习情景中才能体现。因此，在任务型翻译教学中，创设适当的（即真实或类似于真实的）学习情景，有助于学生翻译理论与实践的结合，有利于提高学生的实际翻译能力。

换言之，教师应在设计任务时尽力创设真实或接近真实的情景，将课堂内的翻译学习与当前的社会文化背景相结合，让学生置身于贴近自己生活的语境中，通过完成任务，深刻地感受翻译学习与自己生活实践的紧密联系，激发他们自主、协作学习翻译的兴趣和学好翻译的信心，促进其实际翻译能力的提高。

3. 任务型翻译教学模式的教学结构

任务型翻译教学模式的教学结构主要包括任务准备、导入、实施、巩固四个基本环节。这四个基本环节是贯彻教学原则、完成教学任务的有效保证，是既相对独立，又相互衔接、相互影响的有机结合整体，教师在实际操作中要注意它们之间的相互联系和制约。

（1）任务准备环节

任务准备环节主要是指教师从学生的需要和兴趣出发，结合社会对翻译人才的需求，从学生学的角度，根据学生不同层次的水平，精心设计各种任务。任务的选择和设计是该模式得以顺利进行的关键，其具体设计应把握下列要求。

①任务涵盖的范畴应广泛。任务涉及的领域应从传统的文学作品翻译扩展至经贸、科技、外交、军事翻译等。任务的范畴还应囊括翻译理论与技巧的学习，即教师应根据专业特点、社会需求和学生的认知现状选择一些理论和技巧引导学生学习，让学生有意识地运用理论指导实践。另外，任务的设计还应注意语言形式与意义的结合。

②任务的内容应具真实性或类似真实性。任务的内容应贴近学生生活和学习经历，与现实世界有某种联系，这种联系不是笼统的，而是具体的，能引起

学生的共鸣和兴趣，激发学生积极参与的欲望。

所涉及的情景和语言形式等要符合实际的功能和规律，使学生在一种自然、真实或类似真实的情景中体会翻译知识和技巧的应用。

③任务的难度应根据学生的实际水平，由易到难，重视个体差异。教师应利用问卷调查、水平测试、座谈交流等多种形式了解学生的实际水平，以此为基础设计学习任务。任务的设计应反映学生的认知规律，由简单到复杂，层层深入，前后相连，形成由初级任务向高级任务以及高级任务涵盖初级任务的循环，构成“任务环”，使教学呈阶梯式递进。

④完成任务的形式应具多样性。学生可采取自主、结对或小组协作等形式完成任务，可通过传统的图片、纸质材料等形式完成任务，也可大量运用现代技术，通过录像、光碟、多媒体课件、网络论坛等电子材料形式完成，还可以通过参与具体的社会实践来完成。

（2）任务导入环节

在任务导入环节中，教师按照任务设计，利用图片、录像、背景材料等创设情景，做一些激发学生学习兴趣的“热身”活动，吸引学生的注意力，让学生在十分活跃、轻松愉快的气氛中进入翻译学习，恰当地呈现完成任务所需的关键性知识和技巧，为学生提供必要的输入，介绍任务要求和实施步骤，为后续环节做好铺垫，主要分以下几个步骤进行。

①在实施学习任务之前，教师应引导学生复习与任务有关的已掌握知识和技巧。教师应尽量激活学生与任务相关的背景知识，减轻其认知加工负担，为学生开展学习任务扫清障碍。教师可采用多种方式引导复习，如课堂提问、经验交流、多媒体课件等。

②对学生不熟悉的有关学习任务的话题进行提示。例如，提示任务中所涉及文体的特定翻译技巧、所涉及的某些关键词的翻译等。介绍的内容与任务的完成密切相关，介绍的方式根据教学实际可以是直接、明确的，电可以是间接、含蓄的。

③教师应组织学生结成对子或划分学习小组，组成学习共同体。教师向学生布置学习任务，使其理解、明确任务的内容、目标、完成时间及完成后应取得的成果等。教师在布置学习任务时的指令性课堂语言一定要简单明了，学习任务的目标越具体越好。

（3）任务实施环节

任务实施环节强调“做中学”的原则，让学生为特定的学习目的去实施特定的任务，通过完成特定的任务获得和积累翻译知识和技巧。教师可利用国内外的学术会议、记者招待会等活动的同传录像、光碟等模拟翻译现场，引导学生从事互译实践，让学生通过完成任务提高翻译能力。该环节主要由执行任务、准备报告和汇报评价三部分组成，学生之间、师生之间采取不同的交互方式，各自扮演不同的角色。

①执行任务。学生以个人、结对或小组的形式执行各项任务。任务型翻译教学模式要确保每个学生都有事做，每个学生在任务完成中都应有明确的分工，都应有大量从事翻译实践的机会和充分表现自己的机会，每个学生都应参加具体的任务活动。教师监督、鼓励学生参与学习任务，但并不直接讲授。只是提出思考方向，让学生自己探索，或指出几种可能，由学生自主判断。

②准备报告。学生准备以口头或笔头的方式向全班或小组报告任务完成情况和任务完成结果。他们可将汇报内容设计为纸质、录音、录像、多媒体课件等形式，以便能更生动形象地向全班或小组进行汇报。教师应使学生明确汇报目的，组织学生积极讨论，集思广益，在学生无法继续任务时，给予适当提示或帮助。

③汇报评价。学生向全班或小组报告任务完成情况和结果。在此基础上，以学生自评、小组互评、教师总评等多种形式，多层次、多角度地比较、分析、评价、补充学生任务完成的结果，总结翻译知识与技巧，探寻翻译规律。教师可扮演主持人的角色，并挑选发言者，对学生完成任务取得的成绩及时予以肯定，尊重学生的意见，鼓励学生的创造性，并提醒学生注意语言形式与意义的结合。

（4）任务巩固环节

任务活动不能仅限于课堂教学，还应延伸到课堂之外，以巩固旧知、预习新知，这是任务型翻译教学模式的最后环节，即任务巩固环节。该环节是学生完成翻译知识迁移，将所学知识灵活运用于实际生活的关键，主要有课外作业与第二课堂两种形式。课外作业和第二课堂的内容都应与课堂学习任务及学生生活经历有关，既复习和强化学生所学知识，变机械学习为有意义的学习，又为他们提供了展示个性和能力的舞台。

①课外作业。根据课堂任务内容及学生生活经历，教师向个人或小组布置课外作业，使课外作业与课堂教学融为一体。作业题材应适量、多样化，遵循学生的认知规律，难易适度，具有针对性和开放性，能对教学起到反馈作用。教师可向学生推荐参考文献，指导他们课外阅读与课堂任务有关的资料，也可

选择与课堂任务有奖的内容让学生在课外继续巩固练习等。

②第二课堂。第二课堂的内容应新颖，但也不是不切实际的凭空安排，而是与课堂任务内容及学生生活经历紧密相关，能巩固课堂任务内容、顺应学生主观愿望、增强学生的思维活力和创造能力。第二课堂的形式应灵活多样，教师可通过组织学生举办翻译竞赛、向报纸杂志投稿、参加各种翻译社会实践等多种形式，为学生提供和创造广阔的学习、实践环境。

四、跨文化视角下英语翻译教学策略

（一）丰富英语翻译教学内容

高校英语翻译教学应与时俱进，响应国家政策发展，丰富英语翻译教学内容，推进英语翻译教学的优化与创新。针对当前英语翻译教学内容新颖性不足问题，需要将多元化的英语翻译信息内容融入其中，丰厚英语翻译教育体系。

首先，高校重视英语文化信息的融入，以文化信息内容，拓宽英语翻译教学广度，在英语翻译教学的实施中，不仅重视大学生英语翻译技能的教育，而且更重视大学生英语翻译文化信息的传递，使大学生在知晓各个国家文化的同时进行英语翻译，培养大学生的跨文化思维能力，从而达到英语翻译的实效性。

其次，重视英语翻译教学与听、说、读、写教学的融合，丰富英语翻译教学内容的形式。例如，英语翻译教学与英语听、说、读、写融合，以听、说、读、写的进一步训练，增强大学生英语技能的掌握，促进大学生进行英语文本的翻译，助力于大学生英语核心素养的培养。

最后，英语翻译教学的开展，立足于时代发展趋势，融入社会主义核心价值，培养大学生良好的品质。

（二）创新英语翻译教学方法

高校英语翻译教学的开展，需要在英语翻译教学方法与模式上进行创新，以多元化的英语翻译教学模式与方法，打造全新的英语翻译教学氛围，带动大学生英语翻译学习的兴趣，促进大学生融入教学活动中。在英语翻译教学开展的过程中，改变灌输式教学方法的运用，重视研学性、网络化教学方法的运用，发展大学生思维，促进大学生对英语翻译信息的掌握与认知。

例如，在英语翻译教学中，运用情境教学，根据英语文本信息内容，为大学生创设多元化的英语对话、交流情境，使大学生在此过程中受到启发，之后为大学生提供英语文本，让大学生在情境的辅助下进行英语翻译。

又如，在英语翻译教学中，运用小组合作学习模式，引领大学生以小组为单位，进行合作性的翻译，通过大学生探讨、分析翻译文本，能够明确大学生的翻译方向，有助于锻炼大学生的合作能力与协调能力，为大学生今后就业、发展奠定良好的基础。

（三）改革传统课堂教学模式

传统课堂教学一直以来都以教师为中心，学生只能被动接受知识。这导致课堂氛围沉闷，影响学生的英语学习兴趣，使课堂教学质量难以得到提升。为此，高校应当对传统课堂教学模式进行改革，提升学生在课堂教学中的主体地位，而教师则作为引导者，改善课堂教学氛围，激发学生的英语学习热情，使学生主动参与英语翻译教学。在课堂教学中，教师应积极引导学生自主参与教学实践，加强师生间的交流，以形成良好的互动模式。改革后的课堂教学模式能够使学生真正成为课堂教学的主体，而只有学生积极参与英语翻译教学实践，课堂教学质量才会得到提升。

（四）增强学生的跨文化意识

语言作为人类交流的工具，是文化的一部分。每一种语言都和当地的文化密切相关，是当地文化的重要标识。历史背景的不同，会导致不同地区的民族文化、价值取向呈现出明显的差异，而英语和汉语是不同地区的文化标识。

因此，对于这两种语言的翻译，一定要结合不同地区的历史文化、价值观念。在开展翻译教学时，教师不能只是简单地讲解翻译理论与翻译技巧，而应将文化知识融入其中，系统地分析不同文化间的差异，使学生的跨文化意识得到增强。英语和汉语在表达方式上存在差异，教师在为学生讲解翻译理论与翻译技巧时，应注意引导学生比较二者之间的差异，以避免学生受到母语迁移的影响，防止学生在翻译过程中使用中式英语。教师可以对教学环境进行改善，创设一定的教学情境，让学生在教学实践中锻炼语言思维能力，使他们在交流中深化英语知识结构。

为了增强学生的跨文化意识，教师还应在课堂教学中讲授与文化差异有关的知识，并为学生准备相关教材，让学生通过阅读和总结加深印象，并对国内外的文化发展情况有所了解，这有利于增强课堂教学的效果。学生如果没有足够的英语文化背景知识，就无法形成跨文化意识，翻译时就会因用词错误而导致表达不当。学生应加强对英语国家文化的学习，增强跨文化意识，在思考问题和解决问题时可尝试将英语国家的文化作为参考，只有这样才能有效提升英语思维和语言应用能力。

（五）丰富大学英语翻译课堂教材

翻译课堂本应该是教师和学生互动的工作坊，翻译教学应当是教学相长的互动模式，但现如今许多翻译课堂确实是教师自问自答自演的舞台，其中一大原因就是课堂教材选择不合理和过分依赖教材。翻译活动应该是作者和译者之间的思想交流，教师必须打破以教材原文为纲的固定模式，以“工作坊”法和“头脑风暴法”开展教学活动，培养学生对翻译的兴趣和责任感，提高学生学习的主动性。

同时积极引进新鲜的案例，激发学生的翻译兴趣，把教材中的文学文本案例与应用文体相结合，丰富课堂教学内容，突出翻译的实用性。新时代背景下，网络技术和各种平台发展十分迅速，已经被广泛应用于社会各个领域，因此在翻译实践中教师应积极引用和整合网络资源，借助网络资源打造更加科学丰富又与时俱进的教学内容，同时注重提高学生对计算机的应用能力，运用计算机应用辅助翻译也是当今工作形势的需求，是进入企业的重要技能。

作为翻译研究和教学领域的一个重要工具，语料库在翻译实践中也有很大优势，语料库的检索和统计功能可以为翻译实践和教学提供真实的语料，实现译文和译者风格的量化分析，直观呈现译文和译者风格，在当前强调以学习者为中心和交际翻译教学模式下，这一工具应当被积极应用于当前大学英语翻译教学中。

（六）树立新的英语翻译教学观念

高校在英语学科教学实施中，重视英语翻译教学的实施，并且根据教育主体者的需要，帮助教育主体者树立正确的英语翻译教学观念，推进英语翻译教学在高校英语学科教学中的有效性开展。高校英语教育的实施主体为教师与大学生，在此背景下，教师为教育的实施者，而大学生是教育的学习者，须对师生加强引领，使师生能够意识到英语翻译教学开展的重要性，以科学化的英语翻译教学观念，实现英语翻译教学的开展，提升英语翻译教学的质量。针对教师而言，需要在高校英语学科教学开展中，关注英语翻译教学的实施，以正确的教育观念，设计英语翻译教学体系，并且推进英语翻译教学与其他教学环节的融合，包含英语听力教学、英语口语教学等。

同时，英语教师在英语翻译教学开展中，认识到当前英语教学存在的不足，从而实现英语翻译教学的优化。针对大学生而言，需要在教师的引领下，树立正确的英语翻译学习观念，应认识到英语翻译教学对自身听说读写能力提升的重要性。同时，大学生在课余时间应加强英语翻译教学的研习、讨论，根据市场发展的需要，实现英语文本翻译的多元化模式，锻炼自身，提升自身的英语翻译能力。

（七）合理开设英语翻译教学课程

当前，高校在英语翻译教学课程和教学内容中存在不同程度的短板，教学内容烦琐、课堂时间短、课程设置不科学等现象制约着英语翻译教学的发展。因此，英语翻译教学中，适当对课程教学环节时间进行延长和增加，让学生有充裕的时间接触教学内容。其次，高校教师要深入了解学生的特点和优势，对英语翻译教学内容进行顶层设计，制定合理的教学目标，并开展一些有益的翻译测试和互动，同时，英语词汇和语法是英语教学的关键，提高学生的词汇和语法水平对运用到翻译实践中有促进作用。

关于英语翻译的理论性教学，不能只是凭借教师的教学，要想提高翻译能力更多的是靠学生的自主学习。也就是教师要引导学生在课余时间学习相关的英语知识，并加强练习，不断扩大学生的知识面，切实提高学生多样化英语翻译的能力。为课堂上给学生创造练习的机会，教师要在英语翻译的课堂中，扩大实践学习的时间，并带领学生多做英语翻译的练习。

与此同时要让学生在课堂上实现良好的互动，有效解决学生遇到的翻译问题，从而不断提高学生的英语学习效果。在选择英语翻译内容时，教师要考虑学生的需求，尽量在素材的选择上贴近学生的日常生活。有的学生感兴趣的点是英语四、六级，教师就可在课堂摘录历年真题的知识，进而在教学时做解析，一方面告诉学生考试涉及的知识点，另一方面还能不断激发学生英语翻译的兴趣。实施英语教学的改革，教师要把很多的方法融入多媒体教学里，不仅让多媒体为教学带来新的机会，而且还能让学生在多媒体技术的影响下去关注英语翻译的学习。

总体而言，教师为深入探索英语的教学模式，可以在课堂上选择学生关注的热点，并让他们翻译热点内容，促进学生能够产生英语翻译学习的兴趣，也让学生感受到英语知识的实用。

（八）引进外籍教师参与英语教学

引进外籍教师是高校英语翻译教学的另一个发展思路，学生通过与外籍教师的交流和互动，能够直观地了解西方语言特点和文化内涵，从而在英语翻译过程中能有效地将文化内涵和译文结合在一起，培养学生独特的翻译思维。另一方面，外籍教师作为跨地域的知识传播者，有助于学生更深层次地理解英语翻译的表达形式和文化诉求，师生间的良性互动，使学生在接触过程中潜移默化地提高了翻译能力，译文更加规范合理，更能体现西方文化的内涵。

（九）开展英语翻译教学第二课堂

高校英语翻译教学的开展，应重视英语翻译教学第二课堂的开展，以第二课堂弥补第一课堂教学的缺失，推进英语翻译第一课堂与英语翻译第二课堂的衔接，构建系统性的英语翻译教学体系。在高校英语翻译第二课堂的构建中，首先，以互联网平台为导向，构建英语翻译第二课堂教学与学习环境。例如，高校借助虚拟技术，根据英语翻译教学模式，创设网络英语翻译情境，使大学生融入其中，根据不同的情境，提升自身的翻译能力。其次，高校深化校企合作，以校企合作为平台，开展英语翻译第二课堂。例如，高校与企业合作对接，以企业岗位为大学生提供第二学习平台，让大学生从中获取较多的知识经验，培养大学生的核心素养，彰显英语翻译第二课堂开展的有效性。

第三节　新时期英语翻译教学的模式

一、我国传统的翻译教学模式

我国传统的翻译教学模式，不论是以翻译技巧为中心的教学模式还是以翻译理论为中心的教学模式，又或二者相结合的教学模式，都是以教师为主体，属于一种师徒式的教学模式，即老师将一些翻译理论和技巧加以介绍，布置相关练习，学生课后自己进行翻译实践，达到巩固理论，强化技能的目的，然后老师将学生的实践习作进行批改和讲评，最后给出终极译文答案。学生就是通过一次次的翻译训练，熟能生巧，进而提高翻译水平[8]。传统教学模式的特点是“重知识传授，轻能力培养，重语言间微观现象的转换技巧，轻语言宏观结构的把握和转化”。这种重视文本本身，忽略学习主体以及非语言因素的干扰的传统教学模式，经验主义色彩浓重，比较盲目，不能真正提高学生的翻译能力。

[8]　史传龙．翻译能力培养下翻译教学模式创新研究 [M]．石家庄：河北人民出版社，2018.

二、我国当代的翻译教学模式

（一）“以人为本”教学模式

与传统的以教师为中心的教学模式相反，“以人为本”的教学模式是以学生为主体的一种翻译教学模式。该模式将传统的师生角色转换，教学观念转变，教师变“教”为“导”，学生由知识的被动接受者变为主动获取知识的主体，成为知识的主人。“以人为本”的教学模式要求“教师为学生创造良好的学习环境，激发学生的学习动机，提供合理的学习策略，从而促进学生的学习”。

（二）任务型教学模式

该模式要求教师不直接将教学内容传授给学生，而是设置任务，让学生在完成教师所布置的任务的过程中，逐步感受到教学内容，在任务模式中，教师主要进行任务设计，将教学内容寓于任务中，教师在学生完成任务的过程中给予指点、检查、反馈、诊断、讲评、肯定、建议，并随时迎接来自学生的挑战，教学相长。

（三）情境型教学模式

在当今社会，文学翻译在翻译实践中所占的比例是极小的，因此我们要脱离传统的将文学翻译作为教学内容的翻译教学。情境型教学模式要求教学应在与真实情景类似的情境下进行，教学的目的是帮助学生解决现实生活中遇到的问题。所选翻译材料也应是真实的或者仿真的，文体多样，应包含社会生活的方方面面，翻译教学应顺应人才市场的需求以及人的生存发展需求。

（四）网络教学模式

第一，高校教师可给学生推荐英语翻译的 App，让学生利用 App 把英语中有难度的英语语句翻译出来。

第二，通过建立 QQ 群、微信群的形式，教师可不断强化学生英语翻译知识的学习。

第三，教师要依据学生网络学习中遇到的难点知识做深入性的讲解，推动学生英语翻译知识的理解。

第四，英语翻译教学工作，在网络的大背景下有着高要求，主要体现在对英语知识的更新方面。传统的教学形式无法满足当前英语教学工作的实际需要。在构建网络教学机制中，学生只要利用网络途径就能学到新的英语翻译知识，进而促进学生学习的主动性。

第五，教师指导者的角色要发挥好，让学生真正成为学习的主体，不断指导学生的学习，促进英语翻译水平的提升。

同时，教师可让学生创建英语翻译交流的学习群，这样更加有利于学生在英语翻译的学习上沟通。实施英语翻译教学时，教师也可利用多媒体收集英文的信息内容，引导学生自主翻译，完成后标出难点地方。最后让学生利用网络查询英语知识，针对无法查到的知识，教师要给予良好的讲解，从而让学生的学习主动性得到发挥，有利于提高学生的英语翻译水平。

（五）“交互式”教学模式

“交互式”翻译教学模式就是“教师要营造一种学习氛围，通过引导、启发，让学生积极参与翻译流程中的每一个环节，以提问、小组讨论、赏析等课题形式创造出一种师生、学生交互协作的环境，让学生轻松自如地探讨、发现，运用双语转换的规律，逐渐帮助学生培养自觉运用规律的习惯”。该模式意在创造一种师生、生生互动的教学氛围，激发学生学习的主观能动性，进而提高教学效果[9]。

（六）交际教学模式

对于传统的英语翻译教学模式而言，教师是课堂的主体，学生是被动性参与其中，对此学生的学习一般是较为机械化的记忆，学生的学习兴趣在这样的状态中很难被激发出来，所以自然教学效果也不够理想。为全面提高学生的英语思维水平和实践应用的动力，作为英语教师要在课堂上给学生创建英语交际的教学模式[10]。

第一，利用网络技术和英语学习的平台，将多媒体教学的模式应用起来，从而把网络教学资源进行融合，让学生学会使用翻译软件，从而加强在英语翻译方面的探究与实践。

第二，学生参与度不断提高，主要采用小组教学的模式，讨论译文的生成，然后由各组分别实施讨论，让小组代表来发言，从而在交流中产生思想的碰撞，为学生良好交际课堂环境的营造提供帮助。同时，鼓励每个学生积极参与课堂活动，促进学生学习积极性的提升，也为学生实践应用能力的提高打下基础。

---

[9] 史传龙．翻译能力培养下翻译教学模式创新研究［M］．石家庄：河北人民出版社，2018.

[10] 王凡，楚红燕．英语教学与翻译技巧研究［M］．长春：吉林大学出版社，2017.

第三，利用实践翻译来提高学生的思辨能力，充分锻炼学生独立翻译英语的能力，切实让学生的英语翻译能力得到全面提高。

（七）生态化教学模式

高校英语翻译教学处于变化中，尤其是生态化的互动课堂实施以来，教师要充分关注学生的变化和其他因子的变化，从而制定英语翻译教学的具体方案，不断培养学生的英语翻译能力。

第一，高校教师一定要了解学生的学习状态，并制定科学化的教学方案，促进课堂教学内容的丰富性，达到教学中各因子协调平衡的效果。教师在进行高校英语翻译教学时，需要尽量弱化自身的主导性，并在生态环境下充分体现学生的主体性，以此构建平等对话的教学模式。

第二，引导学生积极思考，摒弃过去教师一人主导的现象，为学生营造轻松的英语翻译氛围，以此充分展现学生的个人能力。

第三，教师还要重视学生的思维发展，要在教学时让学生的思维主导课堂，有效减少学生对教师的依赖。

第四，不仅学生和教师之间要形成良好的互动关系，而且学生与学生之间也要保持良好的互动性。目前，教师要合理引用竞争机制，将分组方法应用其中，让学生可以相互协作，共同完成学习任务。

第五，互动教学能创设良好的学习气氛，促使学生的学习积极性得到提高，进而还能全面提高英语翻译教学的效果。在互动课堂的构建过程中，学生提高了英语翻译实践能力，有利于加强学生的综合水平，教师在进行互动教学时，要科学地进行设计，从而更好地保证课堂教学的质量。

第五章　中西语言思维与英语教学差异

语言是思维的展现，不同民族的语言体现着不同的思维方式。语言与思维两者紧密联系、相互作用，语言以思维为基础，且其内容也必须依靠思维提供。同时，传播和表达思维最好的工具又是语言，语言表达方式的多样性取决于不同的思维方式。中西文化背景和传统的差异也造就了中西不同的思维方式，这种思维方式之间的差异又影响着英语的学习与教学。本章主要分为中西语言思维方式的差异、中西英语教学风格的差异、中西语言思维差异对英语教学的启示三部分。主要内容包括：中西思维宏观对比、中西思维差别的具体表现、中西思维差异在语言中的具体表现等方面。

第一节　中西语言思维方式的差异

思维方式将文化和语言相联系，构建起沟通的桥梁。生活方式往往影响着人们的文化特征，所以生活在不同地方的人们一般具有不同的文化特征。地理上将世界划分成东方和西方两个区域。东方以中国为代表；古代西方以希腊和罗马为代表。近代以西欧和北美为代表。东方和西方在许多地方都具有不同的特征，比如东西方的气候、文化背景、风俗习惯、经济文化制度等。东方的西方的思维方式有一定的区别，例如东方人注重道德品质，对人文极为重视。西方人强调自然至上，重视科学技术；东方人重视洞察力，直觉和意图；西方人重视理性，逻辑和经验证据。东方人以保守著称，而西方人来给我们的往往是开放、奔放。东方人寻求共同点、稳定与和谐；西方人寻求差异、变化和激烈的竞争等[11]。

[11]　杨公建．英语教学与第二语言学习 [M]．长春：吉林人民出版社，2019.

一、语言与思维的关系

语言与思维的关系一直是语言学界颇有争议的问题。本章将回顾语言与思维关系的传统观点，并站在现代唯物主义和进化论的立场上，通过对人类种系和个体发展阶段的分析，论述语言与思维的具体关系和相互影响。

（一）语言和思维的含义

从现代唯物主义和进化论的观点来看，语言和思维的含义如下：语言是人类特有的表达思想的符号系统；思维，即人脑对客观现实的反应过程。具体地说，它是在表象、概念基础上进行分析、综合、判断、推理等认识活动的过程，它是人类特有的一种精神活动，是从社会实践中产生的。一方面，语言是人类思维载体以及交流的工具。这个观点可以追溯到柏拉图时代，众所周知，通过语言可以了解思维。另一方面，思维还支配着语言。没有思维就没有交际，语言就失去了意义。两者相互作用，相互发展，关系密切。

（二）传统观点的合理性和局限性

1. 语言决定思维的观点

持这种观点的语言学家以洪堡特（Wilhelm von Humboldt）、萨丕尔（Edward Sapir）和沃尔夫（Benjamin Whorf）为代表。他们三人中后者对前者都有继承的关系，其中沃尔夫进一步发展了这一派的观点，将其两者的关系绝对化了。沃尔夫原本是一名化学工程师，由于工作中的仔细观察，他开始有了语言影响人们世界观的想法，并在这时对语言学产生兴趣。在萨丕尔的指导下，他主要研究了

霍皮语，进一步论证了萨丕尔对语言和思维关系的观点，提出了著名的语言关联理论——萨丕尔 - 沃尔夫假说。沃尔夫认为，思想的形成不是独立的过程，而是某种特殊语法的一部分：语言是思想的塑造者，决定了一个民族的世界观：持不同语言的人们对世界有着不同的看法。萨丕尔 - 沃尔夫假说有一定道理，但是过于绝对化。在词汇和语义方面上，此假说是有道理的，但同时指出，对于自己语言中没有的观念，人们总可以设法加以解释。要证实萨丕尔 - 沃尔夫假说，必须证明以下两点：各民族的语言思维方式毫无共通之处，可是哲学、逻辑学、心理学的建立提出了反证，说明人类的思维有许多共通的内容；各民族用以表达思想的语言系统毫无共通之处，这样的证明也是很难做到的。萨丕尔 - 沃尔夫假设有着致命的弱点——语言决定沦：语言可以决定人们的思维，

决定人们的世界观。那么，不同语言的民族和种族之间就无法沟通，语言之间也就无法互译。先进的民族就永远先进，落后的民族就永远落后。社会学家菲什曼曾经指出，如果此假设得到证明，便会出现两种恐惧：一是被动状态的恐惧，因为人们不能不说话，人们就无法逃脱语言的摆布；二是绝望情绪的恐惧，因为人类没有希望能够相互了解和交际。

2. 思维决定语言的观点

瑞士心理学家皮亚杰（Jean Piaget）和苏联心理学者维果茨基（Lev Vygotsky）认为，在语言使用过程中，认识先于语言，思维决定语言；在使用语言的过程中，语言和思维的关系越来越密切，但是仍存在无语言的思维。

（1）从种系发展看语言和思维

在《思维和有声语言的遗传根源》一文中，维果茨基指出，从种系发展的角度来看，思维与有声语言具有不同的遗传根源，它们的发展不是平行的，其发展曲线常常会交叉。首先，可以看看黑猩猩的思维。黑猩猩有原始的智力，例如会运用工具，能够把小树枝接成长枝打果子。维果茨基认为，黑猩猩这种原始的智力和有声语言毫无联系，它无须借助语言来思考。其次，黑猩猩也有自己的"语言"。例如它们能够使用面部表情、手势、声音交际。它们能够表达和了解彼此的表情和手势，这些表情和手势是和动作直接相联系的；而声音则是表达欲望、感情、主观状态的一种方式，始终不是"客观的"事物的符号。黑猩猩能发出声音，但是这些声音和思维没有联系。因此，语言和思维并不是同时产生的，思维先于有声语言。

（2）从个体发展看语言和思维

维果茨基认为，婴儿在出生后的头几个月里就会咿呀学语和叫喊，这些声音主要是表达感情的，和思维的发展没有什么关系。到了两岁左右，原来分别发展的思维和语言才汇合，并形成新的行为模式，此时语言才能成为思维的工具，思维才能用声音表达。他认为语言和思维好比两个圆圈，它们有一部分是重叠的，那是语言和思维一致的地方，被称为有言语的思维。皮亚杰持另一种不同的观点，他认为儿童的智力活动并不来自语言，而是来自动作；智力活动发自于感觉肌动阶段，是动作的内在化；思维的形成与语言的获得同时产生，两者都依赖于智力，都与象征功能的构成分不开。

3. 从现实角度看语言和思维

达尔文进化论的提出，给语言学家们探索语言的起源、第一语言习得和思维与语言的关系方面以新的希望。在从猿到人的转变中，劳动使得直立行走成为可能，从而解放了肺和喉头，为人类产生语言奠定了生理基础。语言的发展经历了一个漫长的过程，它的产生不仅是一个生物进化的过程，而且是一个社会进化的过程。然而，思维先于语言并促使语言的产生。在人类社会初期，人们制造和利用工具的能力比较低，为了生存，他们必须联合协作。为了能在协作中达到互相理解，目标一致，他们迫切需要一种交流思想的工具。这时，他们首先发明的是手势语，然后，由于声音传播的种种优越性，再逐步发展了有声语言。语言和思维相互影响。

（1）语言对思维的依赖性

语言只是一种信号，作为信号的事物和被信号所指明的事物之间要有一种指明和被指明的关系，否则信号就无法存在。语言是用生理器官所发出的声音指明精神活动中的思维，只有在这种情况下，生理器官所发出的声音才成为信号，才成为语言；离开了这种关系，生理器官所发出的声音就只是声波，只是物理现象，不是信号，也不是语言。

（2）思维对语言的依赖性

语言是表达思维的工具。人类的抽象思维是反映客观世界规律的认识活动，它是以认识客观规律，使人利用规律改造世界的作用为社会服务的。但是要发挥抽象思维的作用，就必须使人们有思想上和经验上的交流：而要交流思想和经验，首先要把它们表达出来，使它们成为可“捉摸”的、“物质化”的、可了解的内容，而语言正是表达它们的工具。与其说语言决定人们的思维，不如说语言帮助人们产生思维。

（三）语言和思维的关系

1. 思维能力先于语言

人类在产生语言之前，思维能力的发展已经处于萌芽阶段，这是人类劳动的结果。根据重演律，婴儿从出生到开口说话的过程从某种程度上来说就是人类产生语言的过程的缩影，因此从儿童的语言发展可以窥见人类的语言发展。婴儿在“沉默期”阶段已经具备了一定的感官能力，虽然他没有开口说话，但是他在“听”，并且通过“听”对可理解性语言输入进行加工和整理，说明他已经处于思维能力发展的最初阶段。人的大脑中虽然有与生俱来的语言机制，但是并不是从一出生就可以开口说话，因为婴儿的大脑还未分化完全。人的思维能力可分为以下阶段。

第一阶段：思维能力发展的萌芽期，此时语言能力处于“沉默期”。第二阶段：思维能力未发展完全，此时先学会“猫、狗”等具体可感知词汇。第三阶段：思维能力发展基本完成，此时可以学会“伟大、生动”等抽象概念词汇。

可以看出，思维能力是先于语言存在的，而第二和第三阶段中思维能力的发展又是语言发展刺激的结果，因此，思维能力与语言的发展是互相促进、互相影响的。这也符合牛顿第三定律，即思维作用于语言而语言反作用于思维。比如“狼孩”，尽管最初具备第一阶段，但由于没有生活在正常的人类社会，长时期没有语言反馈，导致思维能力发展不能独立存在，最终停止发展，即使再回到人类社会也无法学会语言。

可见，有语言就一定有思维能力，但有思维能力不一定会产生语言。思维能力是语言的必要不充分条件，也就是说，对于正常儿童，无论其出生后是否在本族语言环境下生活，即无论他的第一语言是否为本族语，其思维能力都是从无到有、从弱到强、从简单到复杂的。而对于聋哑人，也会形成思维能力，但是由于听不到声音而导致不能对声音进行监控的客观因素，使他们不能产生有声语言，但不妨碍他们的肢体语言发展。

2. 语言决定思维方式

“沉默期”是儿童形成思维能力的时期，而成人学习第二语言时没有“沉默期”，是因为他们的思维能力早已发展完全，之所以成年人很难学好第二门语言，这是语言思维方式的问题而不是思维能力的问题。

思维能力强调的是一种能力，这种能力为人类所共有，各民族相同，而关于思维方式各民族却存在明显差异。就好比所有的动物为了维持生存繁衍，都具备捕食的本能和能力，但它们获得食物的方法不尽相同。可以说，语言思维方式是思维能力的具体体现，思维能力的发展过程也是语言思维方式的确定过程。

之所以说语言决定思维方式，要从德国语言学家洪堡特所提出的“语言世界观”理论说起，他认为“每一种语言里都包含着一种独特的世界观”。也就是说，不同的民族由于地理环境等客观因素差异的影响，都会从一个特定的角度去观察认识现实，使相同的现实在不同民族的主观认识中呈现出不同的状态，其外在表现就是语言的差异。以汉语和印欧语为例，汉语的世界观多着眼于空间和名物，即使是时间性的动作行为也往往借助于名物而限制其范围，如表示“动”的行走意义也因空间差异而有所划分：“室中谓之峙，堂上谓之行，堂下谓之步，门外谓之趋，中庭谓之走，大路谓之奔。”再如，现代汉语中一些表示颜色的词在古代只用来指呈某种颜色的丝织品，而不是指色彩本身，如许慎的《说文解字》中有“绯：帛，赤色也；红：帛，青赤色；缁：帛，黑色；绿：帛，青黄色也”。因此，最初这些词还没有从表示名物的概念中抽象出来，也正是这个原因，这些表示颜色的字部首多是丝字旁。更典型的例子就是古代的马因毛色及所在位置不同使其有数十种名称。这些都说明名物在汉语编码系统中的特殊地位，体现了汉语世界观强调空间，重静而不重动。

而印欧语世界观却恰恰相反，强调时间，重动而不重静。在对最能反映印欧语早期特点的梵语的研究中，语言学家认为梵语只有名词和述语，且它们的关系是名出于述，语言的编码体系自发地形成一种和动词相配的名词，名词和动词两大词类分别承担了“主-谓”结构中主语和谓语的功能。

正是因为两种语言世界观的根本差异，导致了其语言结构向两极分化，汉语重语义，印欧语重形态变化。语言结构的不同导致了概念形成途径的不同，汉语寓于暗示，言简意赅，因此擅长以“直觉的概念”为出发点，呈现比喻例证的两点论的特点，而印欧语严密而明确，擅长以“假设的概念”为出发点，用演绎推理的方法呈现亚里士多德三点论的特点。正因为语言思维方式的基础就是概念的形成途径，所以汉语社团形成了直觉性语言思维方式，印欧语社团形成了推理性语言思维方式。

语言是可以观察的，语言思维方式却是观察不到的，而内隐的语言思维方式可以通过外显的语言体现出来，多义字字义的引申就是一个最好的例子。汉语“心”的意义由“心脏”通过由此及彼的隐喻例证衍生出“思想、观念、感情的通称：心所在的部位泛指胸部，中央、中心以及木的尖刺、花蕊”等引申义。而英语中的“heart”同样从“心脏”出发，演绎推理衍生出“内心、衷心、心灵、心肠；热心、热情：某事物的中心，核心部分、要点、实质；心形物；心爱的人：正合某人的心意”等引申义。可见，出发点相同，产生联想的途径却是异多于同。

不同语言形成了不同的思维方式，所以语言与思维方式之间就好比一把钥匙开一把锁的关系。现用A、B分别表示两种不同语言，用a、b分别表示与A、B两种语言相匹配的语言思维方式。如果一个成年人他的第一语言是A，由此形成的语言思维方式便是a，那么他的语言与语言思维方式的配对关系就是A-a；这时当他学习第二语言B时，他的语言思维方式并没有变化，仍然是a，此时的配对关系则是B-a，显然B-a是不配套的，这便是为什么成年人学习第二语言存在一定困难。这也从另一个角度印证了拉里·塞林格在中介语理论中提出的，95%成年第二语言习得者依靠“潜在的心理结构”学习第二语言，但永远不可能达到以该语言为母语的人的水平，而只有少数5%的学习者可以通过激活“潜在的语言结构”来获得地道的第二语言，这种“潜在的语言结构”或许就是B-b的配对关系。从某种程度上来说，认识语言与思维的关系对第二语言学习也具有指导意义。

二、中西思维方式的宏观对比

从不同的角度出发对中西方思维方式进行对比，将思维方式分成了各种各样的类型。下面从四个方面对比中西思维方式及语言结构特点。

（一）具象与抽象

从思维结构的分析来看，整体思维似乎更喜欢一种具体的思维方式，即人们可能以经验为基础，通过这种和另一种的范畴联系，在人与人之间、人与物之间、人与社会进行交流，并取得协同效应。抽象的维度是将概念用于判断，推理和思考活动。总体而言，中国传统文化思想具有很强的具体性，而西方文化具有很强的抽象性。在语言中，汉字倾向于以具体的图像表达抽象的内容，以真实的形式表达虚构的概念。

Some fashion designers give up elegant and chic styles in order to keep up with the latest fashions.

例如，译文：一些时装设计师为了保持最新时尚而放弃了优雅而别致的风格。抽象名词elegance和audacity，对于习惯以抽象性思维思考的外国人来说是非常简洁明了易懂的，但是对于以具体思维方式进行思考的中国人来说，却不是那么易懂，中国人习惯将每句话的每个词具体化，以便于他们进行翻译和写作。美国人更倾向于演绎法进行创作，将自己想要表达的观点开门见山的罗列在文章的开头，以达到吸引观众和读者注意力的效果。美国人在读中国人写的信的时候往往都比较迷惑，因为中国人的信件的前面大部分都是问候，重要的内容往往放在最后，这对习惯把重要内容罗列在开头的美国人是不适的。美国人读中文字母时，通常会首先看中西方思维方式对英语教学的启示。中西个性既有冲突又有融合的方面。认识中西思维的差异是为了更好地掌握外语，更好地促进中西文化之间的交流。

（二）综合思维、分析思维

综合思维是指从多个方面、不同侧面去思考一个事物的特点。分析思维是指将一个整体的事物分解成一个个方面进行分析。中国人在描述时间、地理位置并介绍字符的身份时，通常会先按升序排列它们，然后再按其降序进行描述。这种以中文形式进行思考的方式得到充分体现。英美国家具有分析性思维的思维过程是从局部到整体的，例如时间的表达。中国人是年—月—日—时—分—秒，而英国人和美国人则相反，是秒—分—时。写地址，英国是门牌码—路或街—区—市—州—邮政编码，而中国人正好相反。在社会关系的属性上，中国人的顺序是姓—名，如果有职务，则为姓—名—职务；而英国人是名—姓，如果有职务，应该明确是正职，还是副职，不可模糊。

（三）直觉逻辑

传统的中国和古老思维注重从实践中获得经验，并习惯于利用整体思维进行思考，也依赖直觉去判断一个事物，即通过灵感和洞察力的感知。并没有从细节上对一个事物有清晰的认知，而是总体上模糊而直接地把握了认知对象的内在本质和规律。西方传统思想侧重于科学、理论、再分析和实证研究，因此它必须依靠逻辑来理解论证和演绎中事物的本质和规律，得到科学的、真实的结果。比较这两个句子，“由于距离遥远且交通不便，乡村与外界隔绝了”和“由于缺乏通讯工具，这种隔离变得更加严重”英语句子中只有一个主语和一个谓词动词，其他都使用名词和介词的形式将这些句子连成一体。虽然中文句子按照外遇的顺序使用了几个动词，但清楚地说明了一件事。可以看出，英语强调假设和汉语重叠是英语和汉语在句子结构上的最大区别。也就是说，英语句子的核心结构是主语 - 谓语结构，这个结构应用于每一个英语句子。其他动词只能采用非限制性形式来表达它们与谓词动词之间的差异。尽管英语句子既繁琐又冗长，但实际上它们通过严格的结构表达了层次清晰的逻辑思想。但是，中文句子主要是连词和动词。它们不是集中在说明主题的谓词动词上，而是基于客观事件的时间顺序。

三、中西思维差别的具体表现

（一）直觉思维与理性思维

直觉在中国传统思维中被看作是很重要的一种思维方式，它往往是对一个事物突然迸发出的灵感和感觉。直觉思维在禅宗佛教兴起后地位更为重要，它被认为是最高的智慧，应用于许多现实性的实践。汉语的句法结构由于受直觉思维的影响多为编年史风格。编年史技术注重时间顺序，即通过使用多个动词或以动词的形式，按照时间顺序和事理转移的方法逐步展开描述，呈现出流形图式的画面。多个从句的叠加形成了复杂的中文句子模式，其中的关联词也很少。西方人的语言由于受到传统哲学和后来在16至18世纪在欧洲盛行的理性主义的影响更注重理性思考，这一点与中国人的主观和直觉思维不同。这种理性思维模式是因为他们强调逻辑思维和合理性，强调假设和论证，在语言方面，语法占重要地位，起主导作用，它强调形式的暴露性和形式的完整性，使英语成为一种典型的形态语言。英语的造句方法抛开了时间顺序，注重空间安排。它着重于主语和谓语，着重于谓语动词，并使用相对词来组合句子的组成部分[12]。

（二）整体思维与个体思维

中国传统思想一直强调“天人合一”的整体哲学理论，这在中国传统的中医理论中具有很明显的体现。传统的中医将人体看作一个整体，不会头痛医头，脚疼医脚，都是整体来调理，如通过“清热解毒”“活血化瘀”“以毒攻毒”来医治疾病。这在中国传统的水墨画中也很常见。比如在中国传统的人物画里，往往都是人在景中，人融于景，人是大自然景物的一部分。因为在中国人眼里，个人只是大自然的一个很微不足道的一种“存在”，是与大自然浑然一体的。这实际上也体现了中国的一种“悲秋”情怀。

然而相比之下，英美民族关注个体的探究。比如像在英文中，所有的字母在拼写时都无须大写，只有一个词语要大写，而且在任何时候都要大写，就是“我”，即“I”。然而在汉语中，同样是称呼“我”，有时会用别的词语来表达，如“在下”“鄙人”，甚至就连皇帝都会称自己是“寡人”或者是“孤”。在这里，整体与个体的差异就不言而喻了。

中西方整体与个体思维模式的差异也相应地体现在课堂教学中。中国的英语教师对课堂的把握侧重于学生的整体授课，教师主要从整体上关注学生听课情况，如果大部分学生听课认真，能够跟得上教师的授课进度，则不会特别在意个别学生的听课情况。而西方教师授课则注重突出个体，调动学生的积极性，鼓励学生创新，鼓励批判性观点。例如，在一个西方教学的课堂里，如果一位教师讲完课后问学生：“我今天讲课你们觉得怎么样？”这个时候如果有两位学生起来回答，一位学生回答说：“老师，您讲得非常精彩，我完全赞同。”另外一位学生起来回答说：“老师，我想找个时间和您讨论一下，因为您讲的很多地方我不太赞同。”在一位西方教师的心目中，他会很看重第二个学生。也就是说，

[12] 史媛．中西思维模式差异对英语教学的启示［J］．内江科技，2010，31（03）：165+144.

西方教学更加注重以学生为中心，注重一种启发式、引导式的教学。在教师眼中，教学应该是将学生领到一个平台，或者是为学生打开一扇窗户让他们自己去看。也许每位学生所见所感都会有所差异。比如说有些学生看到的是窗外的树木，有些学生看到的是楼前的草坪，还有的学生看到的是树上的绿叶……这种开放式的教学可以充分激发学生的积极性、主动性、创造性，并无对错。

（三）主观思维与客观思维

以人为中心进行思考可以追溯到中国古代，古代就强调“以人为本”“人是万物”，所以由此衍生了以人为中心的思考方式。主观思维也就是自我的观念，经常以第一人称为主，根据“我”的情感，态度和观念作出价值判断，并以“我”为理解的起点和终点，对一个事进行思考。

因此，中文语言具有以下四个特征：主题突出（topic-prominence），个人主题，句子有主动语态和被动语态。具有突出主题的语言的主题非常随意，只要是与主题有相关的关联的各个方面都可以被运用，有时也会有没有主题的情况。中国人在说话、写作时一般很少运用被动语态，一般都会说“我怎么怎么样”。这是因为中国人习惯了以人为主体的思考方式，生活中一切，包括行为和言行举止都是人为主导的，注意人的道德生活，思维经常指向自己，寻求人与自然的和谐，这是一种本体论思维，中国人强调人类的行为，也注重人类的行为。

因此，中文属于动态语言（dynamic language）。动词在一个句子里往往比名词和其他词性的词更重要。西方文化则不同，西方文化以事物为主体，以人为客体。注重客观事物，注重客观存在，具有科学性的客观事物。语言体现了四个特征：主语突出（subject-prominence），个人主题，被动语态和静态语法。用英语来说，主题是句子中最重要的组成部分。我们都知道英语有五种基本的句子模式：SV（主题＋谓语），SVP（主题＋谓语＋表语），SVO（主题＋谓语＋宾语），SVOC（主题＋谓语＋问题宾语＋直接宾语）和 SVOC（主语＋谓语＋宾语＋宾语补语），主语的重要性是显而易见的，每个句子都不能缺乏主语。在陈述客观事实或叙述问题时，通常除命令性句子外，没有其他主语可以出现。由于强调逻辑客观性，因此不主动采取行动或没有生命的名词的单词经常被用作英语的主题，而人就被放在了次要地位。西方人更倾向于从客观事实的角度看问题，关注事物对人的作用和影响，并努力做到客观，公正和严谨的语言。因此，被动语态已成为英语的最典型特征之一。人们使用被动语态来达到客观，公正和标准化的目的，尤其是在官方文件中。受客观思维的影响，英语大多呈现静态语法，并努力呈现客观事实。与广泛使用汉语动词相比，英语使用更多的名词和介词。

（四）曲线思维和直线思维

中国古典哲学追求人与自然的和谐统一。中国人更加的圆滑，不会直来直去，这一点在语言中很明显地体现出来。中文采用“精神”段落发展结构，相当于“总—分—总”结构，文章一般先提出观点，再解释细节或举例去证明自己的观点，然后逐步得出结论，最后进行总结和归纳。但是这样的文章往往两头重，中间轻。美国学者卡普兰（Kaplan）认为，英国人的思维方式是线性的（1inearization），因此西方的表达方式常常是直截了当的，不是拐弯抹角的。

因此，在表达思想时，西方人习惯于先将主要要点放在一个句子中，然后再逐个添加各个要点。就语言而言，句子结构主要位于前中心，头短而尾长，这一点也很好地体现了西方人的分析性思维。

四、中西思维差异在语言中的具体表现

（一）宗教信仰差异

每个国家都有自己独特的文化内涵，独特的文化形成了独特的文化表现。中国有句俗话:“入乡随俗”，意思是当你去到了一个与自己长时间生活的文化方式不同的地方时，要尊重差异，这实际上是对别人文化习俗的理解和认同。当你学着去接受这种差异的时候，就能更好的打破彼此之间的文化障碍，愉快而有效地进行交流。因此，了解英美国家的风俗习惯是学好英语的重要方式。中西方习俗的差异让人们对各自的语言理解不同。首先，相同含义的词对于中西方的表达来说是不同的。

例如，中文谚语“冰冻三尺非一日之寒”在英语中是“Rome was not built in a day”。但是，如果你用英语直接翻译汉语的词语，对一个外国人说“Three-feet ice is not for one day”，他会感到困惑，会无法理解你的意思。还有著名的“It is raining cats and dogs!”，这个词语可能在不少人小学学习英语时候的一个记忆深刻的笑点，用动物来描述大雨，尤其是风雨，许多中国人可能都很不解，这是因为北欧神话中的许多动物都有其意义。狗代表烈风，猫代表雨。所以如果您不知道外国人的文化背景，那么很难想象为什么风雨都变成了英语和汉语的猫狗，也就不知道这句话是什么意思。其次，同一件事在不同文化中引发了不同的联想，并代表着不同的含义。一个典型的例子是“望子成龙”，可以说是

“long to see one’s son become a dragon”。如果将其按字面意思翻译为“long to see one’s son become a dragon”，则“dragon”在中国的含义与两种文化中的含义完全不同。在中国的文化中，“龙”象征着好运和威严，是一种神圣的野兽，而在西方文化中，“龙”则让人联想到邪恶和残酷。

因此，在用英语表达含义时，外国人一般避免使用“dragon”一词。还有一些人们常用的数字。由于亵渎，中国人民讨厌数字“4”，因为4谐音是“死”，中国人更喜欢“6”和“8”。“666”在中国具有幸运的含义，但是已经成为西方魔鬼的代名词，比如黑色星期六。

（二）价值观差异

价值观的差异创造了中西两种语言的完全不同的表达方式：西方人具有开放的人格，他们更喜欢直接表达自己的情绪，而中国人则谦虚而受人尊敬，他们喜欢委婉的说话。在西方人本主义思想的影响下，西方人提倡个性的自由和解放，并注重生活价值和自我价值的实现，他们对成功的追求更加渴望。当获得荣誉或实现自己的生活目标时，他们将非常乐意与他人分享并期待大家的祝福。他们甚至会激动地大喊：“Congratulations to me! I won the first prize!”同时，他们也会不吝啬的赞扬他人的功绩或成就：“Oh！ Look you！ You are so beautiful！”而人们通常会冷静地接受它，并以“谢谢”来回应。相反，在数千年的传统文化影响下，中国人民崇尚中庸之道，并将谦虚、审慎、低调和克制视为中华民族的传统美德，并认真贯彻。当面对别人的赞美时，中国人常常回答诸如“不，不”“还可以”和“一般吧”之类的谦虚词，而不会刻意地将自己的成就说出来。不过由于东方人和西方人价值观的不同，在与西方人交流时，这种中国式的谦卑会给西方人造成误解和困惑，并阻碍双方之间的交流。

五、中西思维差异对作文选词的影响

中国学生用英语写作的文化背景是汉文化，对于英语作品的最终作者，他们的文化背景应该是英语文化。因此，英文的中文写作应该是典型的跨文化交流。在跨文化交流的过程中，中西思维方式的差异对英语写作中的词汇选择有很大的影响。这种影响主要体现在以下几个方面。

（一）在修辞选用上的差异

众所周知，中国学生倾向于以图像思考。在构思文章时，为了使文章更生动，主题更生动，他们喜欢使用更华丽的措词，使用更多的隐喻，尤其是喜欢这些图像词汇。因此，我们大多数学生在撰写英文文章时会使用大量的形容词和副词。自然，对于一篇出色的英语文章，必须使用形容词和副词。但是，如果使用过多，则会带来不良后果，并使读者对多余的阅读内容感到怀疑。

（二）在人称选用上的差异

人生观、世界观、价值观是一个人综合素质的体现，在价值观方面，中西方之间存在很大差异。西方人更加注重个性和独立性，这与中国价值观相反。对于中国人来说，“和谐”是文化的核心，其价值在于实现整体目标，而整体则包含个人的价值。西方人注重个人目标的实现，强调追求个人利益，特别强调个人的作用，主张个人自由和个性。可以看出，中西方思想差异很大。在英语写作中，思维差异的最重要的体现是人称的选择和使用。

例如，如果中国学生想在英语作文中使用人称代词，由于他们的整体概念，他们更倾向于使用复数词“我们”和“您”；而西方人则受个人思维的影响，习惯于使用第一人称单数形式撰写论文。这是他们英语写作的第一条规则，因为西方人认为直接在写作中使用第一人称单数可以更好地表达他们的观点。

中国学生更倾向使用“总分总”的结构，利用归纳思维，从具体到一般，先阐述自己的观点，进而分别进行描述最后进行概括和升华。因此，在撰写论文时，中文句子首先是叙事，之后是摘要，分论点进行阐述，句子信息的重点和感悟通常放在文章的末尾，以便进行升华和总结。西方人更倾向于演绎思维，并习惯于从一般性转向特定性，进行推理。

因此，在西方人写的句子中，大多数外国人将句子信息的焦点放在前面，即在段落的开头，表达了段落中的思想，而段落的其他部分是补充说明或者论证自己的观点。无论是英语解释性文本还是辩论性论文，文本中的主题句 + 补充语言约占整个英语段落的 70%。此外，许多英语写作理论书籍中也使用这种主题句。在正常情况下，一个不错的英语段落肯定会表达一个更完整的思想，并且这个完整的思想是基于主题句子组织的。对于大多数英文段落，它不是任意分割的，而是根据约定的单位进行的；也就是说，分割应该以表达单一清晰的思想内容为原则。在英文文章中，大多数句子的开头是封闭的，而句子的结尾是开放的，可以激发读者无限的想象，而在我们的中文文章中，正好相反，也就是说，句子的开头是开放的而句子的结尾是封闭的。例如，以下这段英文文章 In recent years，studying abroad is very popular，more and more college students want to study abroad. Is this phenomenon right or wrong？ I think，we can not say it is right or wrong because of many reasons. 就是受中式思维所影响而写出来的英语作文，在句首，未能把本人的观点进行明确表达；这明显与西方人的那种一分为二、不是这个就是那个的鲜明态度，有着天壤之别。

第二节　中西英语教学风格的差异

一、教学方法的差异

中国的教师在课堂上主要采用“学生听老师教授”的方法，老师是课堂的主体，学生是被动接收知识的角色。而国外的老师更鼓励“学生扮演老师的角色”，以学生为中心。

在我国传统教学中，老师大多数会站在讲台上进行讲课，在讲课的过程中，还会时不时走下讲台巡视学生是否在认真记笔记，并时不时提出问题来集中学生的注意力。

此外，为了培养学生自主思考能力，老师通常会留一点时间供学生讨论。在讨论过程中，老师仍在组织中扮演领导角色，主导着学生如何进行讨论。讨论过后，老师会请每个小组展示他们的讨论结果，一旦发现错误，会及时纠正他们的错误。但是在国外，老师会认为参与到学生的小组讨论中，听他们如何进行讨论的，会打断学生的思考，是不礼貌的，英国教师的做法是在讨论后检查并比较每个小组讨论的结果，以检测是否达到教学目标，如果有错误，小组将组织自己解决问题。

二、课堂风格的差异

在课堂上，中国老师认为绝对安静的课堂氛围有利于学生集中注意力去听讲和记忆，所以他们在上课时，只允许有老师自己讲课的声音，而不允许学生在下面窃窃私语，当学生有问题时，被要求先记下来在课下进行问问题这一项活动。外籍教师组织课堂教学时，要营造活跃和谐的氛围，使学生完全放松。所以他们通常会尽可能地创造一个轻松的交流环境，让学生随意坐下来。外国老师更注重学生从实践中去获得一些知识，所以有时，根据授课内容的需要，他们会改变上课地点，并将学生带到户外、图书馆、资料室等其他地方进行授课，参与必要的社会知识并学习实践和行为的变化。简而言之，课堂管理的原则是以人为本、灵活有效，将本应该死记硬背的知识放到生活中去获得。

比如，国外教师在讲述职业招聘这个话题时，不像中国教师放一些相关的视频资料，而是引导学生讨论“job interview”，他把课本上的知识真实化，将课堂变成了一个真实的招聘会现场。他让学生站在教室的四周，并告诉充当招聘者的学生有关就业时可能会问到的一些问题，让他们去提问另一部分学生充当的老板，约两分钟以后，进行身份互换，进行同样的对话。最后，让学生提出相关的疑惑，再讨论相关问题。整个课堂看似“无序”，可教学效果很好。

三、教师形象的差异

中国文化强调含蓄和庄重，所以提出了德才兼备这个词，而中国人心目中的教师形象往往是德行和能力缺一不可的。因此，在学生面前，他们重视自己的形象，并认为自己应该端庄大方，这一点在语文老师身上体现得尤为明显，而且他们要求自己具有准确，规范的语言表达，树立一个长辈的形象。而西方人主张提倡个性，并注重个人表现，每个老师都有自己的特色。课堂教学中教师的形象幽默，善于演技，更能和学生打成一片，成为朋友。语言代表文化，不同的语言体现了不同的文化，外教的到来对中国英语的教学产生了重要的影响，为汉语英语教学注入了活力。他们汇聚了生动活泼的语言和文化，并用便捷的母语向中国学生教授英语，使得中国学生处于一种英语环境中，更容易提高自己的英语水平。这种独特的语言优势是汉语教师所无法比拟的。

第三节　中西语言思维差异对英语教学的启示

一、英语教学与语言思维的关系

作为英语教师，会经常对学生说用“英语思维”，才能说好或写好英语。

英语属于印欧语系，是音素文字，字形表音不表义。由于声音不同于图像，不能够形象化（象声词除外），其词义本身与字形没有直接的意义联系。这就需要形成一套抽象的概念，使学生产生联想，将字组成画面，才能清楚地表达意思。因此重视抽象思维是西方人的思维习惯，也是西方文字的一大特点。英语思维是指随时随地都能用简洁流利纯正的英语，表达头脑中的所思所想。任何英语学习者都明白，学习英语一定要知道如何用英语进行思维。因此，培养学习者用英语思维的能力就成了英语教师的重要职责。

（一）英语思维与英语语言的关系

英语是学生习得的第二语言。英语教师若要讲清英语与汉语之间的区别，要求学生用“英语思维”未免不切实际。让学生像使用母语那样使用英语，并用纯正的、流利的英语表达自己的所思所想，形成本能的条件反射更有难度。所以，首先应让学生知道英语语言与英语思维的关系。语言学专家连淑能指出，中西语言思维方式存在以下差异：伦理型与认知型，整体型与分析型，意向型与对象型，直觉型和逻辑型。英语语言与英语思维是密不可分的。英语思维的外壳是英语语言，英语语言是英语思维最适宜的刺激物。英语思维的结果主要用英语语言来记载和交流。英语思维创造英语语言，反之英语语言可固定英语思维方式，并帮助强化英语思维。英语语言是交流思想的工具，也是英语思维的主要表现形式。

（二）培养英语思维的途径

布鲁姆（Bloom）认知理论提出，帮助学生建立英语思维通常分为两个阶段。第一阶段是记忆和理解。教师可以从学生的最近的兴趣点出发，联系已有的背景知识，借用一些美式思维图表，辅导学生阅读各种材料，帮助学生记忆和理解材料中的知识。第二阶段是应用、分析、评价和创造。许多专家认为培养学生的英语思维非常重要。学生用英语思维去处理事物的能力越高，接受英语语言的能力就越强。不过，英语思维的培养是一个循序渐进的过程。最佳方式是运用“浸入式学习英语语言”的教育方式，也就是让学生置身于一个真实的自然语境中，帮助学生用英语思维进行英语学习；也可让学生用英语去学习专业基础课和专业课。培养英语思维最有效的方法途径有以下几种。

①通过观看英语电视剧（最好是美剧）学习对话、模拟对话。随着多媒体技术、网络技术在英语课堂的深入应用，在课堂上观看原汁原味的美语电视剧片段逐渐普及。因此，在英语对话课上，可以让学生置身于真实的语言环境中，随着电视剧故事情节展开英语听力的学习，这种身临其境的场景对话可让学生真正实现与英语语言“零距离”的接触。例如，最受学生欢迎的美语电视剧有《绯闻女孩》（Gossip Girl）、《老友记》（Friends）、《大爆炸》（The Big Bang Theory）等，这些优秀的电视剧除了给学生带来声音、图像的熏陶，也给学生再现了幽默精彩的情景对话，学生在这种视听环境中通过模拟、记忆、联系情景角色表演等练习口语，一段时间下来，学生中会出现许多语音纯正的“脱口秀明星”。

②通过观看电影学习英语名著，然后阅读英语名著。如果让一名学生拿起一本厚厚的英语名著认真研读，书上的陌生单词不但会令学生望而却步，书中出现的各种人物也会让学生眼花缭乱，而这些名著对学生强化英语思维，记忆经典语言用法以及作品中的人文文化来说都非常重要。为了解决学生在学习中出现的学习障碍，可采用看电影→复述故事情节→评价人物→角色表演→研读原著的方法。阅读原著时，允许学生通过查阅字典、上网查找资料、请教老师等方法和途径理解作品中的英语语言，最终理解整部作品。

例如，一些经典的电影有《音乐之声》(The Sound of Music)、《傲慢与偏见》(Pride and Prejudice)、《教父》(Godfather)、《阿甘正传》(Forrest Gump)等，可以使这些电影走进课堂，让学生感受每个人物的喜怒哀乐，这样除了对学生进行文化熏陶外，也让学生真正感受到了英语国家的人是怎样用英语思考问题、表达思想、交流情感的。反复学习后进行角色表演，让学生成为“乡村教师、达西、伊丽莎白、阿甘”等片中优秀人物的扮演者。

③用英语讲专业课或专业基础课。学生学习英语时，如果可以在母语环境中自由运用英语，那么就会巩固英语思维，学生也因为能自由运用第二种语言而有成就感。在讲解时，可以允许学生在使用英语语言中出现一些瑕疵。对那些基础差的学生可以英汉对译，并试着用英语讲述本专业的基础课和专业课，时间一般控制在10分钟，目的是让每位学生都能有机会。学生所讲的学科根据自己的爱好选择，备课期间允许学生查阅字典、上网查资料或请教他人。学生在运用英语思维的过程中，其思维就会得到强化，运用英语的能力也会得到最大程度的提高。

④用英语唱歌、朗诵英语歌曲和英语诗歌可以体验英语语言中的文字精华，其中荟萃了英语语言中最具英语思维的词汇，这些词汇是从大众英语语言中提炼出来的，言简意赅，包含很多寓意。在音律和韵律的陪衬下表达着作者不同的思想感情，学生通过吟唱和朗诵陶冶情操，享受英语语言的博大精深和深厚的语言意境。此时的英语语言成了很多作者思维形式的再现。这种英语思维会对学生的思维起到很好的示范和启发作用。

⑤用英语播新闻。新闻是英语语言最精华、最正式的实例运用，新闻的作者运用的英语思维最为正式。让学生像播音员一样朗诵各种新闻，无形中对学生的英语思维起着重要的强化作用。这种阅读方式集声音、词汇、消息于一体，学生在不断的朗诵中一定会对英语语言与英语思维有新的认识。

（三）英语思维的使用给学生带来的益处

学校的学生因为生活环境的不同，思考问题的角度也会有所不同。在课堂教学中，英语教师一定要鼓励学生用英语思维，以提高学生的创造思维能力。慢慢地这种思维就会演化为学生的一种创造思维。教师应利用一切场所培养学生的创造思维能力。在课堂上鼓励学生敢于提出个性化的问题，对学生提出的各种问题，教师应乐于接纳并帮助学生解答。在这里学生成了语言的冒险家，在不断的探险中提升了创造思维能力。

学生正确运用迁移规律的能力应该得到加强。学生在中文语言环境中生活，英语教师要想方设法帮助学生转化为用英语思维。这就要求英语教师很好地利用迁移规律启发学生的思维。这里指的语言迁移，即在第一语言习得环境中所获得的知识向第二语言学习迁移。在英语学习过程中，学生已掌握的汉语知识时时在起作用，在一定程度上影响着英语的学习，这种影响就是"语言迁移"带来的。迁移现象与英语思维的概括过程有着十分密切的关系。弄清了这些关系，学生利用语言迁移规律的能力就加强了。

学生的思维定式对英语学习的影响减少了。定式是心理学术语，是人们在认识和评价客观事物时的一种特殊心理状态。定式的产生往往是人们在惯用某种方法去解决一系列相似问题时而形成的，即习惯于用一种固定思路去考虑问题。学生生活在中文环境中，习惯用中文的思维方式思考英语学习过程中遇到的问题，最简单的例子就是在与学生交流中会出现许多"中国式"英语。学生甚至感觉不到自己英语学习中有这种"定式"。英语教师应采用灵活多变的教学方法和教学手段，让学生采用有效的方式来排除思维定式的消极影响。否则就出现了人们所说的英语国家的人听不懂。这就导致尽管有的学生英语分数很高，却无法用英语与其他人交流。学英语就要用英语思维，这样，汉语的思维定式对英语语言的学习带来的影响会慢慢减少。

二、中西语言思维差异对英语教学的启示

（一）强化双向思维意识：培养学生英汉思维差异的意识

英语思维是英语教学追求的目标，著名语言学家威廉·冯·洪堡（Wilhelm von Humboldt）说过："每种语言都在它隶属的民族周围设下一道樊篱，一个人只有跨过另一种语言的樊篱，才有可能摆脱母语樊篱的束缚。"学习英语不仅是学习一种技能，更是一种语言思维方式和思维习惯的转变。这要求学生在平

时的学习中不断地加强对这种语言思维方式的差异的认识，让学生重视思维和语言间的关联。

语言学家吕叔湘先生强调：“对于中国学生最有用的帮助是让他认识英语和汉语的区别，在每一个具体问题如词形、语义、语法、语句结构上，都尽可能跟英语做比较，让他通过这种比较得到更深刻的领会。”当然，思维差异和语言差异是相辅相成，相互作用的。在讲解语言形式差异的同时，分析其内在原因—即不同民族间的思维差异，学生才能更好地理解语言差异的生成机制；相反，通过语言差异，学生也能更深刻地理解思维差异。

（二）丰富教学形式：“分组成块式”与“秧田式”教学的碰撞与融合

由于教室的面积和学生人数的限制，中国学生通常是以几排乘几列这样的方式坐座位，大部分同学都会有一个同桌，而有的老师为了避免学生之间说话，会单人成桌。上课时，老师在讲台前教书，学生们在下面听课并做笔记。随着我们慢慢接触了西方的文化教育，学生的坐座位方式也发生了改变，运用“分组成块式”的方法，以六个人为一个小组，三个人对着坐，一群学生聚集在一起，从而使互动更加方便，并且更容易产生新的想法和创造力。但是，“分组成块式”的教学是否完全没有问题呢？在一些课上中，老师发现，虽然学生小组互动很方便，抬头就是身边的同学，但也为他们提供了互相交谈的机会，他们可以跟旁边和对面的人进行交流。在进行课堂练习时，学生也更有可能跟旁边的学生进行交流，由此便失去了自我检测的机会；当听老师分析并记笔记时，一些坐在侧面的学生会下意识地转动身体或倾斜头写字。如果事情继续这样下去，他们的身体发育就会受到一定程度的影响。在这方面，教师必须考虑一些教学策略，以解决出现的问题。

1.“分组成块式”和“秧田”快速自由切换的策略

“分组成块式”和“稻田”的布局各有优缺点，要综合利用他们的优点。可以将这两种方式快速切换，以达到在不同的课堂上使用不同的坐座位的方法，以提高学生的学习效率。那么如何切换呢？“分组成块式”的布局是六人一个小组，两行 × 三列的布局，要想转换成“稻田”式的分布，只需要从三个位置向前扇形展开，从后面向后方三个扇形展开。这种切换方式只需要短短的几秒钟。

2. 根据课程调整教室布局的策略

在新班级的教授中，教师试图为学生创造更多机会进行小组活动，以加强他们之间的沟通和交流，增强他们的互动，或者在进行小组讨论时，“分组成块式”的布局显然要方便得多。例如，在上英语课的时候，老师让学生分享自己的旅游经历，并讨论旅游对自身成长的好处，并分条记述。

但是，并非每节课都需要讨论，特别是在复习课或考试课上。学生更需要自己专注的复习，以达到更好的记忆效果，如果此时学生还聚集在一起，那么你一句我一句地交谈就会让复习效果大大降低。所以“稻田式”的布局更有利于学生的专注力和独立思考能力。

（三）拓宽教学边界：多组织教学活动，在活动中体验文化差异性

进行英语教学，不能只是在英语语言表达方面下功夫，更应该注重对外国文化的了解，当学生了解了外国文化，就更能运用英语去描述一件事。但是学习外国文化不能仅仅局限于课堂上的时间，还要积极参加学校组织的相关活动，在活动中真正地去感受外国文化。

诸如在某些学校中，每年都会举办“外国文化节”，学生通过这些活动去了解外国文化，体会中外文化的差异。比如有这样一个活动，是“欧洲之旅”，让每一个班级选择一个国家，去查阅相关的资料，比如这个国家的风俗文化、风土人情，可以查阅相关的故事、图片和视频，然后在文化节那天展示自己班级的成果。学校还要求每个班级为自己选择的国家画一幅画，将这个国家最鲜明的特点体现出来，例如，英国的特点就是大本钟和戴高帽的英国士兵等。这类的活动极大地促进了学生们了解外国文化的兴趣。

第六章 中西文化与英语翻译差异

中西文化差异的产生与生活环境、生活习惯、思维方式等有较大关系，中西文化的显著差异直接影响中西方交流，最为直接的表现是中西文化差异影响翻译表达，这对于中西方进一步交流、文化进一步传播以及互相了解造成了一定阻碍。本章分为中西文化的渊源与差异、中西文化差异对翻译的影响两部分。主要内容包括：中西文化差异的具体体现、从中西文化的历史渊源看中西文化的差异、中西文化差异背景下的翻译策略、文化差异的解决方案等方面。

第一节 中西文化的渊源与差异

一、中西文化差异与冲突的根源

（一）人类文化发展

人类文化历史非常长远，在史前的社会人类并不会意识到其创造的文化会起到怎样的作用，因此文化对于人类的意义没有显示出来。在史前社会文化起到的作用只是补充人类在生理方面的不足之处，人类创造弓箭与石器只是为了弥补自身缺陷，阻挡各种凶猛野兽的入侵，人类用火以及建筑房子只是为了抵挡寒冷，这些都是为了自身的生存，这也是当时所有人类共同的目标，因此在当时中西方文化差异并不大。而在人类步入文明社会后，人类社会随着荣誉、财富以及权力等追求逐渐复杂，人类追求的也不再仅仅是温饱，人和人的关系也从而变得更加复杂，人类面对的问题从自然增加为人生与社会等问题，使得人类文化变得更加复杂，加上各个地区各个民族的自然环境历史背景等不同，使得中西方文化逐渐开始出现差异与冲突。在过去很长一段时间中西方是处于互相隔绝状态，直至近现代才逐渐开始进行交流，但是在近现代中西方文化的交流中很明显地可以看出两种文化之间存在着很大的差异与冲突，由于这种差异与冲突，中西方文化在进行交流时往往会出现很多不理解、矛盾的现象，因此从本质上分析中西方文化差异与冲突是一个关键的问题。

（二）中西的核心价值观存在差异

第一，中西方的文化在一部纪录片中被叫作陆地文化以及海洋文化。而陆地文化为动态的形式，表现出为一种整体而又向内延展的特性，讲究的是能够达到天人合一的境界，人类与神灵之间能够通过某些特殊的媒介来达到互相联系的目的，而人类与大自然之间讲究的是能够互相调和。这一点在许多方面都有所体现，如在著名的美食节目《舌尖上的中国》中就很好地体现出中国人的饮食与大自然之间就是一种互相依赖的关系，中国人食材的获取需要根据四季的变迁而定，在饮食上追求的是延年养生。而在建筑上，中国古代的园林建筑就很好地体现了天人合一的追求特点，在著名的苏州园林中就富含大自然气息，有奇石珍草，有绿水青山，有曲径通幽，有小桥流水，有亭台楼阁，房屋建筑与自然景观很好地融为一体，当人们在花园散步时就如进入了大自然中，与外界的喧嚣隔离起来。而海洋文化为静态的形式，对包容性与开放性更加重视，对个人的自由性与独立性更加强调。而在对待大自然的态度上截然不同，表现出的是要征服大自然的强势态度，这种特点从古代的西方就可以看出，古代西方哲学家认为在世界中的万物都是处于对立的，而人类可以支配与改造大自然的一切。从中西方对待大自然的态度可以看出其中的差异性，这种差异性也决定了中西方人的性格特点、思维方式等，也影响到中西方人的语言、行为、交往风格等，如西方国家中随处可见的高楼大厦，繁华热闹的街区，大自然痕迹在大都市中似乎无从寻觅，人和大自然之间基本是相互隔离的状态。

第二，在隐私观上，中西方文化的差异也非常明显。中国人对于个人隐私这一方面比较不注重，在过去更加注重团体，认为个人是属于团体的，对互相帮助团结一致非常看重，并且在父母面前孩子是没有隐私与秘密的，在没有成年时父母对孩子的一切都有权了解，除此之外，在人与人的日常交往中也经常会牵扯到一些关于个人隐私的话题，在有些人还是第一次见面时就开始询问对方的家庭、年龄、收入等私人信息，在中国文化中这被认为是关心别人的一种举动，而大多数人也乐意接受。而西方文化中对于上述第一次见面就问私人问题的做法是否定的，西方人若是在第一次见面就被人询问这些问题会认为这个人没有礼貌，侵犯自己的隐私权，西方对于个人的独立性与隐私权十分看重。对个人空间非常重视，自己的事情大多不愿意向别人提起，自己的事情也不太愿意别人过多地干涉。

第三，在日常生活中的许多方面中西文化也存在很大差异。如日常交际中，中国人说话总是比较谦虚，对于别人给予的赞美一般是礼貌地回绝，而西方人对于别人的赞美却是大方接受，如别人夸赞“你看上去真漂亮”，如果是中国人的回答就会是“没有，没有”“过奖了，过奖了”，而西方人则是会回答“谢谢”。此外在饮食上也可以看出中西方文化的差异，中国人吃饭时一般会几个人或是一伙人围着一桌吃饭，在中国文化中认为这样可以增加人与人之间的情感交流，而在西方则更加倾向于使用自助餐，对于个人的卫生更加看重，对个人的喜好也更加看重，若是想要和其他人交流感情则可以自由地走动，这充分体现出西方文化中对于个性以及自由的追求。

从以上几点可以看出，中西方核心价值观大不相同，而价值观又是文化与文化之间进行交流的核心，价值观可以影响到人们的行动目的、行动模式以及行动方式，价值观决定了人们对于事物的看法，而价值观形成后根深蒂固，难以改变，以至于中西文化之间的冲突与差异成为一个非常长久的问题。

（三）形成中西文化的条件不同

中西文化中不同的特点的形成的条件是有不同，中国与西方所处的自然环境大不相同，导致所拥有的生产资料与生活资料也各不相同，从而致使人们的生活方式以及生产方式也出现了很大的差异，长久以往形成了不同的民族文化。因此一个民族文化的形成从根本原因上来讲是由人们所处的自然环境所决定的，自然环境通过影响一个民族的生活方式以及生产方式来决定这个民族的社会心理以及文化特征。

各个国家的经济结构在资本主义之前一般为游牧经济、农业经济以及农业与农牧混合制经济，而西方大多国家为农牧混合制经济，中国则是农业经济，而这些不同的经济结构形成的不同社会的发展速度也有很大差别。中国农业经济结构具有很大的稳定性，社会发展速度较慢，因为自给自足的经济模式使中国对于外来事物抗拒，最终致使社会的发展与革新受到严重阻碍。而西方游牧经济与农牧混合制经济相对来说更加多变，稳定性较差，各个国家的社会不断地瓦解重建，各种社会制度不断革新，从商业规模比较小时的庄园以及城邦发展到封建制度直接消亡，到后面资本主义的产生，形成近代民族文化。

从地理环境上来看，西方的地形比较简单，平原较多，雨量充沛，交通便利，而中国气候复杂，交通困难，山岭纵横。中国这种地形形成了以农业为主的经济，导致人们的生产模式为自给自足的生产模式，如养家禽牲畜，男耕女织等都是靠自身劳动，中国的农民在一年之中基本没有什么休息的时间，这也形成了我国优秀的勤劳吃苦的美德，但是在另一方面也逐渐形成排斥协作的生产传统，而在中国古代修建大工程时都是使用权利征集苦力，不存在互相协作一说。而西方，如意大利、弗兰德斯等国家，在很早就有私人的企业家形成了自愿的合作关系，西方的庄园经济中的生产活动就形成了天然分工，即使庄园经济也是一个自给自足的经济模式，但是在其内部中形成了协作与分工，并且一些物品的生产加工比较困难，在经济模式的转变时受到的阻力也比较小。此外中西方经济结构与生产方式的差异还体现在商品需求以及社会的体制中，如古代西方国家的食品主要是奶制品与肉制品，需要的劳动量与劳动力比较小，且食品含有的营养价值比较高，缺点就是运输和保存比较困难，这使西方统治者的聚敛程度被限制，而古代西方统治者对于庄园农工的征收的税不多，正是由于这些奶制品与肉制品不易保存与运输。而中国的农业经济就会使统治者能够大量地聚集农作物，这也是统治者为什么能够如此集中权利以及收税严重的原因，中国历史上发生的战争规模远比西方大，也是因为粮草容易运输。中国古代由于农业的自给自足，其贸易大多是药材与珠宝等贵重而又便于运输的奢侈品，和人民的生活关系不大，而西方的牧业经济则不能做到完全的自给自足，因此需要对外的贸易，国王以及教会从巨大的贸易当中都得到了非常大的利益，因此对于商业贸易的发展尤为看重与保护，而从战争目的来看，中国战争的发起一般是为了土地的争夺，而西方则是为了贸易。总而言之，中西方所处的自然环境差异导致了生产方式与经济结构差异，从而导致其文化传统与风格也存在差异，互相冲突。

（四）中西方的思维方式不同

对于中国人来说，哲学却处于文化核心地位，儒家思想给中国人的影响非常深远。众所周知，中国古代的帝王大多都将儒家思想看作是正统的思想，儒家思想的核心是仁，由于这种核心思想中国人大多都是友善谦和的，正如中国俗语讲的“万事和为贵”，受到这种思想的影响，中国人在与其他人交往时一般会主动关心对方，询问对方的家长里短，最近情况等，加强双方之间的感情。而西方人思考问题的根本方法可以分为两大类，为线性思维方式以及非线性思维方式，其中形式逻辑就属于线性思维方式，而对称逻辑则为非线性思维方式，而形式逻辑是不能够被称作为思维方式的，只有对称逻辑才能叫作思维方式，因为形式逻辑看待问题太片面，而对称逻辑才从事物的整体出发进行分析。从许多方面都可以看出中国人与西方人的思维方式的差别，如写信方式，西方人的写信格式为门牌号＋街名＋市名＋国家，而中国人则相反；中国人姓名是将姓氏排在前，名字排在后，而西方人则正好相反，从这些方面来看，中国人对整体比较看重，而西方人则对个体比较看重。总的来说，思维方式的不同使中西方文化的形成过程也各不相同，因此造成了中西方文化的差异与冲突。分析中西方的哲学思想的不同，其实是在挖掘中西方思想的文化渊源。思维模式折射出文化，而文化会影响人们对于外界事物的看法和认识。道德伦理则是受传统文化的影响，所以两种道德伦理的差异决定了中西方的传统文化必然存在诸多不同。这些基本上构成了中西文化差异的根本原因。认识这些差异和冲突，并在彼此的交流中相互尊重，相互理解，相互包容，中西文化的进一步发展和跨文化交际的进行便能和谐展开。

二、中西文化的差异

（一）生活方式和交往方式的差异

中西方文化的差异同样体现在生活方式和交往方式的差异上，最基本的生活方式和交往方式往往折射出文化的烙印。

1. 生活方式的差异

（1）饮食文化差异

中国和西方的饮食文化有很大差异，中国的饮食讲究色、香、味俱全，而西方的饮食更注重营养的保留。中国的烹饪方式多种多样，有爆、炒、煎、炸、蒸、煮、炖、扒、焖、焐、烩、烧、烤、腌、熏等。但是食物的营养很难保留下来。而西方的烹饪方法比较单调，通常只有炸、烤、煮三种方法，这样能使食物的营养成分不易丢失。

中国的饮食文化与西方相比更加丰富，中国把"吃"或"食"字赋予各种引申意义。例如，得到了好处叫"吃（尝）到了甜头"，受到冷落叫"吃闭门羹"，收取非法的营销提成叫"吃回扣"，欺负软弱的人叫"吃柿子专挑软的捏"。此外，还有许多关于吃的文化。中国人经过上千年的积淀，已经形成了有名的八大菜系、各种地方小吃，真可谓是一大艺术。例如，北京的烤鸭、南京的桂花鸭、辽宁的满汉全席等。相对中国这么丰富的饮食文化，西方的饮食明显单调得多。

在饮食文化上，中国人吃饭使用的是筷子，西方人则使用刀叉，这同样也影响了东西方人的生活观念，刀叉带来的是分食，而使用筷子则代表一家人要共同围坐在餐桌旁夹同一份菜。由此衍生出西方人讲究独立，而中国人则是有牢固的家庭观念。

（2）服饰文化差异

中国和西方在穿着上也存在很大差异。中国的服饰讲究仪表的修饰，中国素有“礼仪之邦”之称，所以说中国人穿衣是为了表达礼教观念，衣服是一块精神的布，中国人通过穿衣来掩饰人体的不足。此外，古代中国人还有通过穿衣来显示自己的社会地位的强烈愿望。

西方崇尚凸显人体的美。西方受古希腊和古罗马人体绘画与雕塑文化的影响很大。他们认为健壮丰腴的人体是最美的，所以西方的服饰设计大多是为了展示人体的线条。因此，西方的服饰大多能适合身体，能符合人体的高低起伏变化的需要。

2. 交往方式的差异

由于中西方人性格特点、生活环境不同等原因，致使中西方人的交往方式差异很大。一些交往方式在中国是合理的，而在西方却成了禁忌。例如，在中国，人们见面时喜欢问对方的年龄、收入、家庭状况等；而西方人却视这样的做法为不礼貌的行为。他们认为这些都是自己的私事，不愿向别人提及。

在迎客时，中国人显得格外热情，与客人见面时会握手或拱手作揖，有时候会伸出双手握住对方的手来表示对对方的深厚情谊。此外，中国人的客套话很多，如“能与您见面真是三生有幸”“您真是让寒舍蓬荜生辉呀”等。而西方人在与客人见面时，寒暄很少，一般只说像“Glad to see you”这样轻描淡写的话语。大多数情况下，西方人与人见面也是采用握手的方式，重要场合还会行吻颊礼。

在受到赞扬和祝贺时，中西方人的反应也不一样。中国人的性格含蓄内敛，谦虚谨慎。当被别人恭维夸奖时，中国人总喜欢推辞或谦让。例如，有人说“你这次的表现真是太棒了”，中国人会谦虚地回答“哪里，哪里，还差得远呢”。西方人在被表扬时，从不过分谦虚，对恭维一般直接表示自己的谢意。

在请客吃饭时，中国人注重礼仪，殷勤好客。例如，主人在餐桌上经常说“略备薄酒，不成敬意”等。中国人在请客时往往竭力大操大办来显示自己的地位、财力、权势或慷慨等。相比之下，西方人则比较实际，并不看重形式，也不随便请客。西方人崇尚节俭，反对浪费。因此，在请客时没有像中国一样的繁文缛节，饮食也相对简单，讲究杯干盘尽。

（二）生活态度的差异

在生活态度上，相比之下，西方人更加偏重于物质的实用价值，而中国人可能比较注重精神享受。中国人说话的时候不会直接表达自己的意思，讲究含蓄，而西方人则不用，他们喜欢简单，喜欢就是喜欢，不喜欢也不会给你留一点面子。这也就是为什么在将英文翻译成中文时，虽然源语要表达的内容很简单易懂，但我们通常要用华丽的辞藻加以修饰。在中国文化中“含蓄内敛”是美德，因此，在思考问题、表达问题的过程中也更加迂回、曲折，强调点到为止，西方人则倾向于单线思维，对待问题单刀直入，习惯于直接、简略的表达方式。

（三）权力观念的差异

在对待权力的态度上，中国人和西方人有很大不同。西方人的权力意识比较淡薄，这与西方的政治历史有着密切的关系。最典型的代表就是美国。美国受“三权分立”的影响较大。在以“三权分立”为准则的西方民主制度下，总统的权力受到了很大制约，加上美国法制健全、舆论监督体制发达，使得执政者不能以权谋私，再加上美国总统多属于富人阶层，总统的年薪不是他们当选总统的主要因素，这些人上台执政多数是为了展示自己、实现夙愿或是为了维护某些政党或财团的利益。

中国自古以来就很崇尚权力，这是由中国两千多年的封建官僚制度的历史所造成的。在中国古代，官僚掌握着绝对的权力，官僚通过手中的权力以权谋私。在民间，人们也普遍认为只有当官才有出息，所以在中国古代就流传着这样的话语：“万般皆下品，惟有读书高”“学而优则仕”等。可见在中国古代，人们对权力的推崇已经是全民的共识了。但随着封建制度的瓦解，旧权力意识开始减弱，逐渐建立起“执政为民”的权力观。

（四）社会人际关系观念的差异

西方崇尚的是个人主义，而中国崇尚的是集体主义，这就决定了中西方的社会人际关系观念有很大区别。在西方，几乎每个人都是个人主义者，每一个人都与其他人彼此隔离，都是以“我”为出发点思考问题。而在中国，儿童从小受到的教育就是每个人都是集体的一部分，要以“我们”为出发点思考问题。这就导致了个人主义者的人际关系的典型模式是“自愿的、短期的、往来不密切的人际关系”，而集体主义者的人际关系的典型模式则为“非自愿的、长期的、往来较为密切的人际关系”。

中西方个人和集体的这一差异也导致了中西方家庭观念的不同。在西方，由于人们更注重个人，所以在成家之后往往脱离父母独立生存。而在中国，人们更加看重家庭和亲情。他们喜欢其乐融融的家庭生活，以“大家庭”生活为荣。因此，“四世同堂”常常为中国人所赞颂和称道。虽然现在的年轻人独立意识越来越强，但浓浓的亲情意识和家庭观念已经深深流淌在中国人的血液中。

第二节　中西文化差异对翻译的影响

一、中西文化差异对英语翻译的影响

翻译不是简单的信息传递的过程，而是文化交流的过程，因此，作为翻译人员，其在工作中不仅要从基本的源语言出发，还应该结合文化差异，对翻译内容进行调整，从而保证翻译的文化交流作用。语言不通作为翻译产生的背景，其文化差异对翻译产生了很大的影响。反之，翻译的产生也同样影响着文化，促进世界文化交流，加强了世界各国人民之间的沟通与联系。翻译，是指在准确通顺的基础上，把一种语言信息转变成另一种语言信息的行为。由于各国语言的不同，翻译应运而生。中西方文化的差异对翻译有着很大的影响。

语言和文化息息相关，紧密相连。语言与社会文化环境两者相互促进，相互制约。翻译不仅是语言转换的过程，也是文化传播的过程。在社会生活在中，各个民族的文化可谓是大相径庭。这就决定了他们在对待某一事物可能会有不能的角度，观点以及评价。这种不同点就要求我们在进行翻译时，要充分考虑到这种跨文化因素的差异。

目前，英语已经成为全球最大的通用性语言，无论国际商贸合作还是文化交流都离不开英语，英语翻译工作在此过程中也占据着越来越重要的地位，翻译人员在翻译过程中要尤其重视中西方文化差距对英语翻译产生的影响。不同国家、民族具有不同的思维方式和行为认知，这将直接影响英语翻译过程中词汇、语句和逻辑等方面的安排。从中西文化差异角度出发，考察不同文化从哪些方面对英语翻译产生影响，其目的是引起翻译人员的注意，更灵活的提高翻译的准确性。

经济全球化带动各国人民文化交流的欲望，互联网更是给文化交流提供高速车道，我们深刻地感受到翻译行业适应新时代趋势快速发展，在这些外在因素的推动下国际商贸使用的商务英语、引进的西方书籍、影视作品中使用的书

面翻译在数量和质量上都有了大幅度的提高，但是这并不意味着所有的英语翻译都是高质量的、没有瑕疵的，很多翻译作品没有考虑到中西方文化间的差距，存在对西方文化不了解、直译过多、语言枯燥等问题。具备较高专业素质的翻译人员在翻译时能结合中西文化间的差异，将翻译内容的意思、含义转化为更贴近日常生活的语言，从而缩小中西方文化之间的差距，实现更好的传播效果。

翻译是语言沟通的桥梁，如何正确、得体、恰当地将语言进行翻译和表述是每个英语翻译工作者努力的方向。翻译受着很多因素的影响和制约，其中文化差异就是一个非常重要的因素。

（一）习俗差异对翻译的影响

中西方由于所处地域不同造成了地域文化差异。但尽管如此，各个国家还是出现了会用不同的比喻来表达对同一事物的认知的现象。例如在英语中的“black sheep”如果直译意思是“黑色的羊”，但正确的汉语意思应译为“害群之马”。语言虽不同，但要表达的意思却是一样的。再比如说英语中的“To kill two birds with ones tone”，如果直译过来意思是“用一块石头杀死两只鸟”，而汉语中正确的表达方式是“一石二鸟”。

中西方对龙文化的理解更是有巨大的差异。龙文化在中国传统文化中占据着重要的位置。中华大地是龙的故乡，而中国人则被誉为龙的传人。在中国的许多传说与故事中龙的形象也是勇敢的、积极向上的。龙的身上也同样寄托着人们的美好愿望，“人中龙凤”就是用来比喻世间的杰出人物。龙在西方所代表的含义则是与中国完全相反。在西方文化中，龙是猛兽怪兽的代表。在他们眼中，龙的长相很恐怖。龙会喷水或有毒，是有魔法的生物。再例如说狗。狗在西方人眼中是最忠诚的朋友，是人类的好伙伴，所以在西方人的成语中狗多是积极的、带有褒义的。例如“lucky dog”的意思是“幸运儿”，“love me，love my dog”，意思是“爱屋及乌”等，都是用狗来表达美好祝愿。在中国却恰恰相反。在汉语中，狗多是贬义的代表，例如中国人在称呼汉奸时会说“走狗”。“狐朋狗友”“狗嘴里吐不出象牙”等都是将狗赋予贬义。中国文化中红色代表喜庆，而西方文化中红色代表“禁止、危险”，而这种价值评价的差异，使得翻译中的文化解释就变得更加重要。

风俗习惯是一个民族经过长期积累形成的特定文化，特别是以节日为代表的风俗最能体现文化之间的差距，翻译人员在翻译过程中要谨慎使用直译方法，因为有的节日名字来自传说或简称，直译的节日名称很难充分体现其内涵的深意，例如英语翻译中国传统节日元宵节时，强调赏灯活动，所以英语翻译成“灯节”，这种翻译方式具有简单直接的特点，符合西方对节日的命名方式。

中西方在某些习惯方面也很不一样，以送礼为例，中国人十分重视送礼，既想满足接受者的需求，又想显得有面子上档次，所以中国人送礼更讲究包装，而西方人则更追求礼物的实用性，哪怕是一支笔、一本书，只要能用得上就算是一件称心的礼物。翻译时翻译人员要做好注释，使用一种理性包容的语气进行解释，以免阅读者受本土思维习惯影响，产生不必要的误会。

不同的风俗习惯是由于不同的生活方式而形成的。在长时期的国家、民族发展中，风俗习惯实际上是民族心理状态支配的文化意识的表现和反映。在进行致歉、恭维、道谢、称谓、打招呼时，不同民族有不同的文化规约。在文化习俗中，称谓是重要的部分，反映人与人之间的社会关系。亲属称谓词与社会称谓词组成了称谓的内容。中西方的文化传统不同，风俗习惯也不同，因此称谓系统也不同。在中国称呼对不同亲属关系的亲戚的称呼也不同，对父母的兄弟姐妹称呼时，母亲的兄弟称为“舅舅”，父亲的兄弟称为“叔父”，而在西方则统一称呼为 Uncle。

风俗习惯的形成和保持经过一段时间定型后，会深入到人们生活的方方面面。中西方在风俗习惯上存在着巨大的差异，因此在进行翻译时要考虑到两者的差异。例如，中西方在“打招呼”时就有很大的区别。中国人见面打招呼通常会说“你吃了吗”，不考虑语境翻译成“Have you eaten or not？”西方人会感觉很奇怪。结合中西方风俗习惯的差异，要根据语境最好将其翻译为“How are you？”

（二）思维方式差异对翻译的影响

在思维方式上，西方人推崇个人主义，而中国人则注重心领神会。汉语在表词达意的基础上要求对称，有美感，而英语则是富有结构感与想象力。例如“The cat killed the rat that ate the meat that in the house that Jack built”这句话翻译成汉语意思是“杰克建了房，房里堆了粮，老鼠吃了粮，猫抓了老鼠”，由此可以看出英语在表达上有很强的节奏感，而翻译成汉语后在表达准确的基础上也同样要求对称，这就要求译者在理解英语的基础上也要有很强的汉语功底，英译汉时要融入个人情感，汉译英时要注重朴实、准确、简单易懂，这样也使译文符合中西方在思维方式上的差异。

不同民族的思维方式不同，对同一种事物的理解就会不同，且将其认识表达出来的方式也会不同。不同民族的思维方式和文化都凝结在其民族语言中，影响民族人文地理、心理背景和历史。英语国家对某事物进行表达时，对客体思维比较重视，表述时通常采用逻辑、抽象的方式；汉语国家对某事物进行表达时，对现实依据、简明、准确等表述比较注重。

儒家和道教影响了中国人的思维方式，主要表现为整体思维和辩证。中国人追求天道自然，无论是语言观还是思维模式，都对整体到局部具有倾向性。西方人的思维方式特征主要表现为亚里士多德分析思维和逻辑思维，倾向于局部到整体。进行英汉翻译时，由于中西思维方式的差异性，导致翻译因语序、语态等不同从而影响对中英作品的理解。例如，对“Love me，love my dog”进行翻译时，将其进行直译为“爱我就爱我的狗”是不准确的，从西方的思维方式出发，在进行翻译时考虑到中西思维的差异，将中国的思维方式带入到翻译中并对翻译进行准确的表达，将其翻译为“爱屋及乌”更为准确。

（三）宗教信仰差异对翻译的影响

每个民族都会有自己的宗教信仰，信仰不同在一定程度上也会影响翻译。中国人大多信奉佛教，所以汉语中有很多词语或歇后语与佛教有关，例如：借花献佛，菩萨，罗汉，八仙过海各显神通等。而西方人大多信奉基督教，所以会出现教会，修女，基督等词语。所以译者在遇到宗教性质的词汇时要特殊注意。

众所周知，佛教是我国主要宗教，其他还有道教、伊斯兰教等，而西方主要信奉基督教。在我国许多文学作品中都增添了神仙、妖魔的元素，例如如来佛祖、玉皇大帝、王母娘娘等，就连四大名著也都多多少少带有宗教元素，像《西游记》中孙悟空是女娲补天留下的一块五彩神石所化，这些都充满奇幻的想象色彩，是古人在技术还没达到的条件下对天空的幻想，在辛苦的劳作活动中希望使用法术完成。而西方人把上帝作为一种精神寄托，会通过祷告的方式向上帝忏悔心中的恶念，以求心灵慰藉。就像七夕节的由来，是织女与凡人结合，王母娘娘为了惩戒二人用发簪将两个人分开，并准许二人能在七月初七这天在鹊桥相会，因为这个传说，七夕节也称为乞巧节，包含对牛郎织女爱情的歌颂，但是西方人对这段传说并没有深刻的了解，所以只简单的译为“七七节”。由此可以看出，翻译人员应该对异国各方面的文化都有一定的了解，大到国家大事，小到神话传说，都不能忽视，最佳翻译指的就是通过短短几个字抓住事物特点。

宗教意识、宗教信仰等构成了具有民族性的、不同文化特色的宗教文化。从文化学和人类学的角度看，作为特殊形态下的一种人类文化，宗教文化随着人类文化产生并发展，无论是哪个地区的人类文明，宗教文化都占据着重要的部分。宗教作为文化的附属而存在。西方人信仰的主要是基督教，在西方文化发展史中基督教一直贯穿其中，特别是中世纪以来的西方文化充盈着浓郁的基督教色彩。中国有三大宗教即道教、儒教、佛教，这三大宗教在中国文化中具有举足轻重的作用。佛教自传入中国以后就影响着人们的生活，而道教和儒家起源于中国，是人民意识形态的重要体现，三大宗教都关系着中国传统文化的发展。中西方宗教文化的差异其实就是中西方文化差异的重要原因。

中西方信仰的不同对人们认识事物、语言表达造成影响，在进行宗教观念翻译时，译者会代入自身的宗教观念，影响宗教内容的翻译效果，从而混乱作品中的宗教观念。例如，在翻译 Heaven 时在中西方都将其定义为宇宙万物的主宰，但是在宗教背景下就会有不同的含义。受佛教、道教、儒教的影响，中国人会认为它所指的是老天爷或玉皇大帝，而基督教的宗教文化背景会将其认为是创造万物的上帝。

（四）中西方礼节差异对翻译的影响

中国人重视礼节，但受儒家思想影响较深，中国人又比较保守，而西方人则是热情，开放的。中国人在打招呼的时候习惯问人家“吃了吗”，这只是中国人习惯的一种寒暄方式。中国人想表达的意思是“How do you do”或者是“How is it going today”，如果真的将这句话翻译成“Have you had your meal?”那按照西方人的思想，如果他吃过饭了他会回答“Yes，I have.”如果他没吃，他就会觉得你是在邀请他吃饭。而西方人见面喜欢谈论天气，他们喜欢问“How is the weather today”，这是他们打招呼的客套方式，而不是真的想知道天气是好是坏。这时就需要译者注意怎样才能真实的表达说话人的意思。

（五）文化历史差异对翻译的影响

每个国家都有极具特色的发展史，中国作为历经五千多年的东方古国，经历了奴隶社会、封建社会、半殖民地半封建社会，并最终成立新中国，实现中华民族伟大复兴，与之相对的，美国的发展史比较短，经过资产阶级革命和南北战争的洗礼，成为当今世界强国。历史的时期、经历的不同造就了不同的中西文化，中国遵从儒家思想教育，提倡“修身”“治家”“平天下”的人生理想，讲究修身养性，从自身出发寻找解决问题的方式，以美国为代表的西方文化在不断的战争中铸成了包括信念、成功、奋斗等为内容的美国精神。例如“漫威”系列电影，虽然他强调的英雄精神跟我国的集体主义精神有冲突，但是它突出了和平、救助和爱的内容，被全世界人民所认同。“漫威”电影的翻译针对不同国家进行调整，完全符合当地观众的语言架构，这也给英汉翻译带来启示，即语言只是文化、理念等意识形态的载体，它虽然具有一定局限性，但最主要的作用是服务功能，在用当地语言传达本国文化时，也要适当调整，传播一种更被接受的具有普世价值的理念。

在中西方漫长的历史发展进程中，中西方的不同国家、不同民族的历史发展不同，积淀的历史文化底蕴也不同。中国从远古至今，建立了多个封建的中央集权制国家，随着战争或政权朝代更迭，唯一不变的是以嫡长子继承为中心的中央集权制在历史发展进程中保留到了清朝。西方长期处于分裂的状态，即使在历史进程中曾被统一。在西方的历史发展进程中，很多国家都曾积极地对外开拓疆土，吞并其他国家，发现新的土地，对世界进行探索。在中国的历史上虽然也有一些对外交流、开拓的情况，如张骞“凿空”、郑和下西洋等，但是对外扩宽疆土仅在几个繁华盛世出现过。中国最初认识世界的方式是被掠夺，西方国家认识世界的方式主要通过侵略。在西方国家对中国进行侵略时，给中国带来了西方的科学技术和文化思想，并推动了中国近代化的进程。在不同历史文化背景的情况下，不同的民族认识世界的方式和认知也不同。

在进行英汉互译时，由于中西方历史文化的差异有时候会出现各种问题。在对中国传统文化典故进行翻译时，如果按照字面意思将典故进行翻译，因西方人对中国传统文化不了解，会难以理解所翻译的典故。以翻译“东施效颦”这一典故为例，中国人从小就接受了传统文化的教育，对这一典故的意思能够理解，但是翻译时不能将其直接翻译，因为西方人不了解中国的文化，不知道谁是东施、谁是西施，对这个典故的具体意思并不能理解。所以，在翻译这个典故时要在直译的同时对其进行标注，解释这个典故的来源。在进行英汉互译时译者受到所处母语环境的影响，制约着他对文化信息的语言表达。译者的母语环境导致他不能理解另一文化的具体含义，甚至会将其信息进行误解。译者要避免进行英汉互译时对外文作品望文生义。

（六）物质文化差异对翻译的影响

物质文化包括生活用具、日常用品等，涉及人们生活的衣、食、住、行。不同民族的民族文化特色将通过其语言符号反映出来。中国的历史悠久，民族发展繁荣，不同的民族在衣、食、住、行方面有不同的特点。西方国家的民族并不像我国那样多，但随着西方经济的发展，民族之间互相融合，各民族在衣、食、住、行方面的差异逐渐缩小趋于统一。对同一个事物的认识，中西方也会有不同的看法。例如，对于不同颜色的观念，中西方就有不同的认识，中国的汉民族通常认为白色是不吉利的，在汉族丧礼时会身着白色服饰，但西方国家将白色看作是纯洁、忠贞的颜色，在婚礼时新娘会穿白色的婚纱，有圣洁之意。

在进行英汉翻译时要注意中西方对同一物质的认识和观察存在不同。翻译时要警惕对同一物质在不同文化中的解释。以 wine 为例，在汉语中泛指一切含酒精的饮品，而在英语中通常认为是葡萄酒或其他果酒。将烈酒“孔府宴酒”翻译为“Kong fu Yan Wine”会导致英语国家的人对“孔府宴酒”产生误解，认为它是一种酒精含量较低的果酒。对不同颜色的含义和象征中西方也有较大的差异。对各种颜色的象征和含义没有一定的了解，直接按照字面意思翻译会出现问题。

在进行中西语言翻译时，要熟悉中西方文化，对汉语和英语进行深入的理解和认识，同时要求译者有较高的语言功底。译者在进行翻译时，除了要掌握两国的语言文字，还要提高自身的知识文化水平，掌握中西方文化的差异，在翻译时灵活切换对两种文化的认识，促进自身翻译水平的提高。

二、中西文化差异对英美文学作品翻译的影响

对于全球化日益发展的今天，每个国家的相互联系越来越紧密，这就使得彼此之间的文化交流变得不可或缺。在历史的长河中，各个地方都发展出了极具地方色彩的文学巨著，这些作品也是最能体现当地的特色，它们淳朴的民风民情，以及在不同地域文化影响下，产生的不一样的思想文化观念和三观。

英美文学作品作为一种其他世界的文学作品，不仅仅丰富了中国人民的文化生活，也让我们进一步了解了这些西方国家的生活现状，让我们对他们的国家文化有了更加深入的了解。同时也促进我国文学体系与英美文化体系的融合。

（一）中国文学思想发展现状

作为有着几千年封建社会历史的中国，因为在古代的中国，人们已经在王朝更替下生活了几千年，并且古代的君臣思想已经深深扎根在人们心中，因而就会经常出现以国事家事天下事为基本情操的历史文学作品，这和当时所描绘的社会环境是分不开的。另一方面幅员辽阔的中国疆土和众多民族的和平共处，也导致了中国异常繁荣的多民族文化，这样优越的条件促进了文学发展，带来了它们多姿多彩的活力。然而辛亥革命一声炮响，推翻了旧时代的封建王朝，建立了新民主主义社会，让新思想新文化被越来越多的人所接受。与此同时，大量的文学创作者也投身于对家国情怀和社会写实上的创作中，尤其最近几年，这个发展势头非常迅猛。当人们的目光聚焦于这类作品身上的时候，往往就会

忽略到那些科幻和冒险的小说文学，因为长期的不重视，就导致了这方面的专业人士和专业化的思想的缺失。我们就以现代文学作家余秋雨为例，在他的散文中，我们就会经常能看到他感慨生命的伟大和生活的平凡，并且非常喜欢用写实的手法来进行文学创作。《余秋雨散文集》作为他最具有代表性的一部文学作品，里面主要记录了他的游历经历，在书中他描写了他是如何游历四方的，同时又是看到了沿途怎样的景色，同时也包含了自己对人生的感悟和对人生的追求。

改革开放以来，文学界的基本基调就是对社会现实的描写，这是大环境所致，因而导致了我们国内目前只有写实类文学这一类文学类型独树一帜的现状。文学创作者们从现实生活出发，从中感悟和感慨人生，这也展现了当前国内文化思想发展的现状。从古至今我们古代的封建制度已经深入人心了，古代的中国文学在很大程度上都会对这种现象进行再创作，非常多的古代文学作品都详尽地描绘了当时的官场制度下的种种现象。文学作品对于我们现代人来说，它不仅仅只是让我们对生活环境以及追求，更是为我们对了理想生活的憧憬提供了依据。正是在这一思潮的影响下，明朝和清朝的小说文学日渐繁荣起来，在这一点上看，西方文化就对我们古代文学产生了影响，西方文化慢慢地融入我们中国文学的创作中，对我们的文化产生了一定的影响，同时也会给我们中国的文学市场带来了翻天覆地的变化。就比如我国非常有名的四部巨著《三国演义》《红楼梦》《水浒传》《西游记》，这些巨著就是我们古代文学创作者智慧的结晶，也是中国古代高度融合的社会理念的总结。这四部名著的出现，充分体现了中国古代劳动人民的智慧，更是中国古代思想文化意识形态的一种重要体现。同时这四本小说又都是集中出现在一个时期，由此证明了文学的发展与当时的社会环境有着必然的联系。

再来看外国文学，因为我们在引进外国翻译作品的时候，总会多多少少受到当时的社会环境制约的和一些思想的限制，这样就会出现文学意义上的——主观思想影响翻译内容的现象。这样造成的后果就是句意、句型出现差异，把文章原来要表达的意思和情感给曲解了，这些都会大大降低翻译作品的文学质量和读者的阅读质量。但事实上，受主观意识的影响，我们总会或多或少受主观意识的影响，在翻译的时候往往就会把自己的主管理解和评判强行加到文章内容上去。美国著名小说家海明威的《老人与海》，在小说中他曾经这样写道“你这次要去哪儿呀？”“我已经好久没出海了，闷得慌，我准备去远一点的碰碰运气，这次去的时间可能比较长，多久也说不定，而且马上就要出发了，抹黑也要走。”从这里我们可以很明显地看出来整体上的情感并没有什么起伏，因为我们看的是译文，实际上原文对这里的描述是非常详尽地。在这里原文的本来是要描绘出一个硬汉老人的形象，仅仅通过集聚和小男孩的对话就充分地体现了出来，这与中西文化的语言环境和表达方式有所区别是分不开的。但是翻译者却并没有精准地把握这种区别，仍然按照直译的方式翻译，这就导致了语义和感情的缺失，我们感受不到老人思想和情感的变化。文学翻译并不是一件简单的事情，它需要翻译工作者极具高超的文学技艺，只有正统的文学翻译阐释出原文的思想内涵，让读者能够身临其境感受这种文化冲击。

（二）翻译英美文学作品中常出现的问题

在翻译的过程中，要转变我们以往对这些西方文化的主观想法，要作出一定的改变，进而彻底的改变整个翻译界的生态，尽量地给我们的读者呈现出原原本本的小说故事。这就对我们翻译人对英美文化的了解提出了新的挑战上。另外，在文学翻译的时候，不同的句式结构和不同的句子的语序也会对造成十分巨大的文章的影响。

文化翻译是一件任重而道远的事情，我们的翻译工作者应该继续增加自己的文化水平，认真钻研不同的西方文学环境和社会现实，将更加生动准确的翻译带给我们中国的读者，让中西文化能够得到充分的碰撞和融合，这是一件于国于民都非常重要的事情，也是我们当前在英美文学翻译中所需要做的重点工作。

翻译界有一个比较流行的标准，那就是信、达、雅。换句话说，一个好的翻译不仅仅要准确传达原文所要表达的内容与思想，还要用读者所能接受的语言表达习惯进行流畅、优雅的表达。这种要求会比较高，如果我们在中西翻译中，缺乏对文化差异的敏感则会造成语言翻译的偏差和失真。例如，由于历史文化以及宗教信仰的不同，很多事物都有其事物本身之外所匹配的含义。

例如，在圣经中，对于羔羊有着替罪的含义，对于数字 13 有着相当大的禁忌。据圣经记载，是耶稣的第 13 个门徒出卖了耶稣才导致耶稣被罗马当局钉死在十字架上。另外，在圣经中龙这个单词是魔鬼撒旦的象征，西方的很多国家对其是比较憎恶的，这些文化的差异如果缺乏一定的了解，在翻译过程中就会造成错误的翻译，贻笑大方。

此外，中国开始敞开怀抱，以开放的姿态欢迎海内外的宾客来参观学习。可是，中国的文化博大精深。既有诸如佛教、道教等为代表的宗教文化，也有着以四书五经为代表的儒家经典文化，既有驰名中外的四大名著，也有在世界文坛异军突起，代表中国地域文化的红高粱。所以，中西文化的差异，对翻译有着很大的影响。

三、中西文化差异下的翻译策略

在全球化的背景下，中西方的文化交流在范围和深度上逐渐发展。在传统翻译策略中，直译与意译是翻译的两个主要方法。但是随着文化交流的深入，这两种相对单一的翻译方法得到了进一步的拓展，并形成了归化与异化的翻译策略，作为翻译工作者在实践中，应该围绕中西方文化差异所产生的影响，对翻译策略、翻译方法进行选择。

归化是以目标语或译文读者为归宿，对源语言进行调整以适应目标语言文化环境的一种翻译策略，这是实现翻译内容本土化的过程。在归化过程中，翻译者可以采用意译的方式对在目标语言中寻找与之相对应的内容，如“rest easy”可以翻译成“高枕无忧”，“Blood is thicker than water.”翻译成“血浓于水”等，这样的翻译过程是文化的融合过程。对于翻译者而言，其应该了解不同文化的表达习惯，并探究二者的融合与契合点，进而提高目标语言对翻译内容的接受程度。异化则是指迁就外来文化的语言特点，要求译者的翻译内容尽量贴合源语言的原文化环境，这样的翻译过程必然会造成文化的碰撞，因此也就可能在当地文化中衍生出新的词汇，如“功夫”一词在西方文化中被表述为“kung fu”，这样的直接音译体现了外国文化对当地文化的渗透，同时也是跨文化交流中不可避免的碰撞与调整，由此可见，异化翻译策略能够在维持当地语言文化环境的基础上，丰富语言内容。

翻译工作者在从事翻译工作时一定要注意中西文化差异对翻译的影响，遵循“信、达、雅”的标准，多读书，也可以借助网络的力量多了解中西方文化，只有这样才有可能成为一名合格的翻译工作者。

文化差异是翻译中不可避免的难题，处理得当与否直接影响着译文的成功与否。因此，面对文化差异，有以下三种解决方案。

（一）运用附加注释

在翻译的过程中，有些是原语语言特有的文化现象，必须加注才能说清楚。加注通常可以用来补充诸如背景材料，词语起源等相关信息，便于读者理解。例如，Ben sun 的译名为本生灯（一种煤气灯），这就是加注的一个鲜明事例，让读者理解这种产品的实质。

基于中西文化差异的英语翻译往往表现出与理解歧义相同的问题。使用口头注释有助于读者理解特定的翻译实践，更深入地保留原始文化色彩，而不是尽可能地引导误入歧途，读者你可以中国名词“东施效颦”，假如采用直接翻译的方法肯定会使外国朋友误入歧义，比如这样翻译“mere copycat”。另一个例子是英语句子“It was Friday and soon they’d go out and get drunk.”这句话假如直接翻译就是“周五到了，他们又要出去喝个痛快，”虽然看起来没什么毛病，但是为什么一到周五就要去喝酒？这是不是有歧义？因此，在翻译的同时，我们可以加入一些有意义的方式，所以可以翻译为“星期五是发工资的日子，我们可以去喝个痛快了”，这样会更好。

（二）增词

英汉两种语言由于表达方式的不同，翻译时常常有必要在译文的词量上做适当增加，使译文既能忠实地传达出原文的内容与风格，又能符合译入语的表达习惯。例如，摩托罗拉手机的广告是：Intelligence everywhere，中文译文是智慧演绎，无处不在。译文中的“演绎”就是用了增译的用法。

（三）意译

意译是指根据原文的大意来翻译，不做逐字逐句的翻译（区别于“直译”）。通常在翻译句子或词组（或更大的意群）时使用较多，意译主要在原语与译语体现巨大文化差异，微观盆栽还可以根据不同消费者的喜好进行自由组合。每个人的审美眼光都不相同，为了彰显自己的个性，商家推出了一些形态各异的微观盆栽，消费者可以根据自己的情况选择一些能够体现自己特点的搭配组合。在容器形状上、组合手法上、搭配风格上、素材选择上等多个方面让消费者自由选择，增加了购买乐趣。

（四）了解背景文化

要求了解背景文化以解决翻译的障碍。例如，在商务英语中，前提条件非常准确，使用的字典庞大且具有最大的商业意义。一旦信息失去其原始含义，它就会给社会带来损失。“clean”意味着日常生活中的清除，但是在商务英语中是交付和计费的意思。同时，商务英语词汇在各个领域都有其他含义，多维现象和人类突变频繁发生。在英语翻译的情况下，详细分析词汇的文化含义，以完整，准确地表达翻译内容。如上述分析所述，中西文化经历了长期的洗礼和多样性和稳定性的积累。讲英语的译者主要关注中西文化的差异，不断学习，提高翻译水平，以及了解中国文化之间的文化差异。

（五）调整句式结构

可以根据中西文化差异使用英语翻译，准确地表达句子结构的内容。在中英文贸易文件中，中西文化的差异可以用不同的方式表达，但需要考虑某些句式结构。在实际情况中，根据中西文化表达的差异，英语句子结构和文本结构可以更适合于商业交易。

一般来说，中西文化的差异是对英语翻译的影响是客观的，理解和解释是很重要的。事实上，我们在某些英语中彻底改善了我们的文化教育，不断扩展和补充我们自己的知识，如地域文化、民族文化、宗教文化，在我们自己的地区需要了解中西文化差异，包括文化、新词汇等，并注释和应用句子结构使句子翻译得更加准确。

好的翻译必须要了解中西方不同的文化差异，提高跨文化交际的能力，只有这样才能提高翻译质量。面对中西文化差异，也要采取适当的解决方案，使翻译的译文更加准确。

第七章　翻译理论基础下的英语翻译教学实践

实践是检验理论最好的标准已经成为英语专业翻译学科的共识。但翻译理论在英语专业翻译教学中的重要作用同样不可小觑。在实际教学之中，仍旧存在对理论知识不重视的问题，只是一味地强调实际知识的作用。这在很大程度上限制了英语专业翻译教学质量的进一步发展。在这种情况下，就要尽可能提升英语翻译的相关理论在教学中的作用，从而促进英语翻译教学质量的提高。本章分为翻译理论在英语教学中的重要性、功能翻译基础下的英语翻译教学实践、关联理论基础下的英语翻译教学实践、情景认知理论基础下的英语翻译教学实践四部分。主要内容包括：翻译理论在翻译教学中的必要性、翻译理论在英语翻译教学的作用及运用、功能翻译理论下的高校英语翻译教学创新策略、关联理论视角下的大学英语翻译教学策略、基于情景认知理论的英语翻译教学等方面。

第一节　翻译理论在英语翻译教学中的重要性

英语翻译课程在大学外语专业中是非常重要的一块内容，翻译理论在英语翻译教学中的应用是十分必要的。许多大学外语翻译教学中，仍然存在着许多不重视翻译理论的现象，仅仅强调翻译的作用，这对于英语翻译教学质量的提高是严重的阻碍。这就需要广大英语教师在进行翻译教学时要学会利用翻译理论，尽可能地提升翻译理论在教学中的作用，进而提高翻译教学质量[13]。

在当下的英语翻译教学中，翻译理论占有至关重要的位置。在实际教学过程中，部分教师只侧重于英语翻译的实践教学，而轻视英语翻译理论的作用，这对英语翻译教学的发展产生阻碍，并对学生的学习效果产生严重影响。基于

[13]　张磊夫．试论翻译教学中讲授翻译理论的必要性［J］．辽宁教育行政学院学报，2010，27（08）：84-85.

此，在英语翻译教学中，教师需注重对翻译理论的讲解；突出翻译的功能性，明确其翻译目的；培养学生自身的主动思维。

在当下英语教学中，翻译教学作为重要的组成部分，对培养学生的翻译能力以及夯实学生英语文化功底有着至关重要的作用。在教育事业不断革新的背景下，各个高校已经开始对英语翻译教学进行重视并加大研究力度，希望构建出健全、完善的英语翻译教学体系，但是还是无法满足社会对于人才的需求和要求。究其根本，其主要原因就是对翻译理论没有给予足够的重视。所以，学校、教师需要认识到翻译理论的重要性，结合有效的方式进行运用。

一、翻译理论的相关概念

当下，人们对翻译主要有两种界定，一种是将某一种语言文字转换成其他语言文字进行表述，另一种是将用来替代语言文字的符号以及数码进行转换，通过语言文字的方式进行表达。而在英语教学中，翻译则是翻译过程与翻译行为的总称，具体则是代表着其翻译活动自身。而另一种说法则是以翻译的内涵概念为基础，通过外延定义的方式在翻译教学中将翻译概念进行辅助性的明确表示：翻译的结果是通过语言文字或者是符号编码进行表现，是一种具有创造性的文化交流活动，其中涵盖了符际翻译、语际翻译以及语内翻译等。

二、翻译理论在英语专业教学中的作用

在现阶段英语翻译教学中，翻译理论教学与实践教学都有着至关重要的作用，但是在部分高校的英语翻译课堂中，部分教师仍侧重于使用传统教学方式，重视对学生进行翻译技巧教学，以及翻译经验的锻炼。这种传统教学方式不涉及学生的翻译理论教学，使得学生对翻译理论没有足够的认知与重视，无法以翻译理论为依据进行有效的自主翻译，进而让学生在英语翻译学习中不能以主体的位置进行学习，并对学生掌握翻译技巧产生严重的阻碍。

在实际英语翻转翻译教学过程中，大都需要以翻译理论为依据开展教学，同时将翻译理论作为评断标准以及原则来解决相关问题。翻译理论的有效运用可以帮助相关翻译者提供解决问题的思路以及方法，然后对翻译者进行有效指导，通过这种方式可以在很大程度上减小翻译错误的发生概率。从宏观角度而言，翻译理论是人类语言文明进化、发展的标志性产物，对社会进步、发挥有着至关重要的作用。而从微观角度而言，翻译理论在人类进行语言认知的过程中，可以帮助人们有效地进行系统化、规范以及调理，翻译理论可以从联系、

经验方面对翻译进行指导，以此实现英语翻译教学的最大化效用。以下几点为翻译理论在英语翻译教学中起到的作用，以供参考。

第一，认知职能。翻译理论在实际教学过程中可以帮助教师形成健全的认识规律，而教师可以运用认识规律进行英语翻译教学的宏观阐述，并且在翻译理论与英语翻译教学之间存在联系的基础上，可以让教师、学生对英语翻译教学机制进行深度剖析，以此来让师生在英语和汉语之间进行翻译、互换时的本质进行有效理解，对英语翻译教学有着至关重要的作用。

第二，执行职能。在英语翻译教学过程中，执行职能是英语汉语进行互相翻译、转换的重要内容。在实际教学中，翻译理论其本身具有较高的可行性与指导性，是教师在提升教学质量与教学效率时的衡量标准，并且翻译理论还为学生理解重难知识点提供重要的帮助。

第三，校正的作用。翻译理论的校正作用其实就是其自身所具有的规范性和指导性，在开展英语翻译教学时，翻译理论为其提供了符号、语言以及美学原理等参照指令，以此让学生在进行语言文字翻译转换过程中有重要的参照手段。另外，翻译理论的有效运用还可以帮助学生及时发现自身存在的错误、失误，然后总结出问题的原因并进行校正。由此可以看出，翻译理论在英语翻译教学中有着重要的校正作用。

教师与学生双方都需要正确认识到翻译理论的重要性，明确翻译理论对提升自身翻译能力的重要意义。只有在学生充分掌握翻译理论的基础上，教师开展翻译实践教学，才能获得较好的学习效果。教师在进行实际教学的过程中，需要将翻译理论有计划地传授给学生，进而让学生进行翻译活动是具备良好翻译理论的基础，在提升学习有效性的同时，培养自身的英语翻译能力。

当下，英语翻译教学其主要的教学目的就是提升学生自身的翻译能力与翻译水平，让学生对英语翻译有更好的认知。在实际英语翻译教学过程中，进行有效的理论教学可以提升教师课堂教学的深度与教学水平，是英语专业翻译教学中的重要组成部分。而针对学生而言，有效的翻译理论教学可以在提升学生英语知识水平的基础上，提高学生自身的认知能力与分析能力，并充分体现出学生翻译主体的位置，进而让学生在实际翻译过程中有良好的理论支持与理论依据，形成正确的理论价值，让学生在接下来的翻译学习中不必在依靠翻译经验进行感性翻译，提升学生自身的翻译能力与翻译质量，为未来的发展奠定良好的基础。

三、翻译理论在英语翻译教学中的有效运用

在现阶段的英语翻译教学中，部分教师因翻译理论较难理解、记忆，所在课堂之上侧重于实践教学，而针对翻译理论教学选择忽视。但是在实际教学中，如若教师不对学生进行翻译理论教学，那么学生在进行翻译活动时，无法有效运用自己所学的翻译技巧，进而让学生对英语翻译学习产生负面情绪，学习效果不尽如人意。针对这种现象，教师需要在课堂教学期间，加强对翻译理论教学的力度，引导学生对翻译理论进行有效的自主探究，为学生进行奠定良好的理论依据基础。当然，因翻译理论具有较强的抽象性以及理论性，如若使用传统灌输式教学方式会让学丧失学习兴趣，对翻译理论学习产生逃避的心理。

在教学过程中，教师要多采用互动的教学方式进行教学，例如：小组合作教学法、导学互动教学法等，这些新的教学方式不仅能激发学生的学习兴趣，而且还让学生感受到作为主体存在的自豪感，学生会积极主动地参与到翻译理论的学习当中，收到了很好的学习效果，提高了学生的翻译水平，并为学生打下良好的英语基础。突出翻译的功能性，明确其翻译目的。翻译理论具有较强的功能性与目的性，翻译功能目的要求学生掌握相应的翻译目的，在实际翻译过程中，结合科学有效的翻译技巧和策略来实现翻译的最终目的，提升翻译的水平质量，并满足相关读者对译文的需要。

常用的翻译技巧有改译法、删减法、增译法等，教师需要在实际教学过程中结合学生的实际学习情况与实际教学内容，利用有效的手段让学生掌握相关的翻译技巧。例如，改译法，我国文化与西方文化之间存在的一定的差异性，所以部分学生在进行翻译时，在内容理解方面可能会存在偏差，像我国长沙被誉为“鱼米之乡”，而有的学生会将其翻译成“a land of fish and rice”，会让外国人听不懂，并且在语言方面也缺乏一定的美感，而教师可以针对这种现象引导学生在保持原有意思不变的基础上进行修改，进而提升翻译内容的美感以及可读性，即“a land follows with rice and fish”，在提升自身翻译能力的同时，升华自己的思想情感。

培养学生自身的主动思维。功能性翻译理论在实际教学过程中注重强调学生在进行翻译活动时需要对原文进行分析，只有这样才能让学生更加有效的翻译原文，提升翻译质量。因此，在学生进行翻译活动时，教师需要注重培养学生自身的主动思维，引导学生思考翻译活动的最终目的，然后让学生自主探究、寻找译文中哪部分内容需要进行重点翻译，并让学生针对译文的文化背景、来源等进行分析，以此让学生在实际翻译过程中以译文作者的背景、心理以及情

感进行自主分析，然后确定其翻译方向，并结合适当的翻译技巧，接着深入翻译之中，最后完成一篇高质量、高效率的翻译内容。通过这种方式来拓展学生的思维，提升自身的翻译水平以及能力。

第二节　功能翻译基础下的英语翻译教学实践

翻译是促进文化交流的纽带，恰当的翻译有助于目标语读者较好地理解源语的思想内容。在“功能目的论”的指导下，把大学英语的阅读课与翻译课融合起来，通过确立明晰的教学目标，坚持翻译理论学习和实践训练相结合，重视打牢学生的双语语言和文化基础知识。在阅读课中渗透翻译基本知识和技巧、培养学生的语篇分析能力、文本处理能力、双语语言与文化的转换能力等，切实提高学生的翻译能力，促进中西文化的交流。

一、功能翻译理论的含义和优势

（一）功能翻译理论的含义

功能翻译理论是由德国学者凯瑟琳娜·赖斯（Kantharina Reiss）在 20 世纪 70 年代所提出的翻译理论。在功能翻译理论的原则中，翻译是一种用于交际的工作技能，而翻译的过程也并非只是一种语言的代替，而是在两种语言之间寻找到一种融合，使文化在翻译的过程中能够交流和沟通，因此在翻译的时候也要根据不同的语境和不同的实际情况进行针对性的翻译工作[14]。

（二）功能翻译理论的优势

功能翻译的优势体现在两个方面。一是将原文所表达的含义通过翻译的过程展示出来，使文化和信息能在这一过程中寻找到相同点，换而言之就是将文化元素融入了翻译工作之中，以读者的角度来进行翻译，对于语言的交流具有重要意义。而另一大优势体现在功能翻译更具有创造性。传统的翻译，通俗理解为将一种语言转化为另一种语言，而功能翻译更注重的是将读者的文化程度与实际翻译的中心相结合，使翻译的过程充满了主观的色彩，对于语言的创造性的提升起到了积极的推动作用。

---

[14] 回春．功能翻译理论下的高校英语教学创新策略［J］．宿州教育学院学报，2017，20（03）：110-111.

（三）功能翻译理论的特点

从其实际运用的角度来看，功能翻译相比于传统的翻译，最明显的创新在于将翻译转变为了一项现实性非常强的工作。换言之，也就是将翻译的核心部分从传统的“让读者理解”转变为了现阶段的“文化碰撞”，而翻译就是这种文化碰撞的媒介和途径，文化也通过翻译展示出了其蕴含的创新精神。

二、功能翻译理论视域下英汉互译教学探析

翻译不仅仅是语言和语言之间的沟通方式，它更多的是为了实现沟通，将语言进行转换解析进行语码转换的一个过程，从而有效地依据对方提出的言论进行思维大意分析，并结合翻译内容知悉大概意思。功能翻译具备较大的目的性，要保障原文与译文质量与准确性，避免导致源语与译入语形成文化差异。使用功能翻译理论目的是将翻译使用者提出的要求以及大致意思，都表明在英语翻译的内容里。因此，需要依托国内外目前对翻译理论的研究，根据高标准的翻译需求，促进功能翻译理论视角下英语翻译技巧能够得以优化、整合以及提升。

功能翻译理论是由德国人赖斯创立。他提出的观点是，现实生活中的人们很难做到对语言文本含义的有效的理解，也就是说很难从翻译出的文本内容中找到原始内容的影子，这会很大程度地影响到英语翻译的准确性，由于翻译的不准确，在很大程度上会限制了本族语与其他外族语进行良好的文化交流。功能翻译理论就是要打破传统的翻译，不再将原始英语翻译的模式运用到现在的英语翻译中，而要选择一种能够突出文本功能的相关模式进行文本翻译，要求翻译人员用新的眼光去看待英语翻译，并且翻译的时候能够将功能翻译理论的要求体现出来，要明显地跟传统英文翻译不同，也可以说是在传统翻译理论的基础之上进行调整与改进，以功能的实现作为翻译工作成功的主要标准。要保障功能性英语翻译能够带动传统翻译的发展，在传统翻译理论基础上作出重要的突破，使得翻译工作可以更加灵活，摆脱原文带来的固定思维模式，扩展了原文翻译的知识面。通过对功能性翻译理论的合理运用，有效促进英语翻译技巧的进步与新发展。

（一）功能性英语翻译理论的背景、发展、深化以及完善

功能翻译理论的发展是 17 世纪 70 年代初期由赖斯创造的，他主要是依据对翻译进行评判和批评，提出了传统翻译的不足和缺陷，对待传统翻译中存在

的问题进行批判，反映了传统翻译内容过于突出原文内容，没有体现出英语的功能性扩展意义。在他的创作中提出要将功能性英语翻译当作衡量翻译是否具有现实性意义的主要方式。他的功能英语翻译理论打破了原来的翻译只针对原语的字面意思进行翻译的特点，因为英语的结构跟汉语的表达不同，若直接将原文的内容逐字逐句的去翻译，会出现很多语病问题，导致翻译不通顺，容易出现语句结构问题。赖斯结合这些原有的翻译存在的缺陷制定出功能英语翻译的应用，打开一个新的英语翻译视角，但是还是存在些许的不足，在英语翻译的时候还是会受到传统英语翻译的影响。威密尔是赖斯的学生，但他比他的老师更加果断和决绝，在进行功能翻译理论的时候，他完全脱离了等值理论的束缚，并且在此基础上还提出了目的论。威密尔在思维上，把翻译看成是两种不同的语言之间的各种交际符号进行相应的对换。

在目的论中，不仅仅只考虑创作者的因素，还需要考虑到翻译使用者对译文的需求，因为翻译出来的译文作品是要交给使用者参考使用的，所以要根据使用者的生活环境以及个人的文化水平的层次，进行分析。有效地将赖斯的功能翻译理论进行优化，并针对其中存在的不足，提出解决措施。

曼塔里对功能翻译理论作出了深化，她是翻译领域十分优秀的教学者，对翻译人才进行专业的培训，并且结合功能翻译理论的观点，在进展中添加了行为理论，这是对翻译事业的完善。她认为翻译工作者的行为，对功能翻译理论有着重大的影响，因为传统的英语翻译是直接把原文中的意思进行中文的阐述，不具备语言转换的情况，但是在功能翻译理论的基础上，就需要针对翻译工作人员的专业知识以及对于翻译的理解有更深层次的研究和进展，需要纠正翻译工作者原始的局限性，引导他们从各个领域进行优化和进步，她通过对翻译的深入研究，扩展了翻译的知识面，将语言的转换运用妥当，从而满足目前行为理论的基本观点，并且将功能翻译理论进一步强化了。

（二）在功能翻译理论视角下的英文翻译的体现

翻译的最大意义就是为了体现出文本的价值以及给人们带来的直观感受，是通过对英语文本的解析，让人们更加了解其中的意义，减少国家交流障碍，增加人们之间的语言交流文化。比如说，这里把“巧克力的商品介绍”作为英文翻译的例子，“This chocolate is so good，I thought you might want it”这句话的中文含义是“这个巧克力真的太好吃了，我想你也会想要拥有”。从这个例子可以看到，对于商品介绍而言，翻译的重心不在于这个商品的字面意思，消费者不会想知道这个商品的名字进行解释，其实名字对于消费者而言根本不重要，重要的是这个物品自身的功能和价值。英文翻译的作用就是为了从译文中体现出这个商品的功能性，体现出这个商品的价值，从而刺激人们消费和激起购买的欲望。对于商品介绍的翻译是一定要简明扼要直接突出重点的，所以在进行翻译的时候，要注意创新，运用新思维将英文翻译作出亮点，让消费者能够一眼看出想表明的意思，突显核心意义。这样的翻译具有可行性，相较原始的传统翻译而言，这样的翻译更科学且更有意义，能够大范围的将语言的内涵在原文的基础上更加生动形象，从而达到更好的视觉体验以及发挥良好的效果。

其实，在英文的领域上，翻译不仅仅是突显原文含义的一种表达方式，更多的是将英文原文所没体现出来的亮点和特征作出一些升华和体现，能够促使和协助人们更加理解这句话的含义或者是更加理解这样的表达方式，英文翻译若一直按照原始的传统翻译标准来进行翻译就会局限了英语的发展，也无法将更完善的意思展示出来，就显得翻译的意义不大了。

（三）功能翻译理论在进行翻译时需要注意的要点分析

1. 功能翻译理论应具备目的性并突破局限性

在进行功能翻译的时候，不仅是要将原有的英文内容进行升华，突显出译文的内涵，还要考虑到接受者的思维模式，结合这个译文所针对的人群，因为每个人的文化水平不同，对事物的理解和认知也存在各自的差异，同样的东西，不同的人总有不同的感受，所以，翻译人员在进行文本翻译的时候，一定要考虑这个问题，明确文本指向的人群方向和人群要求进行针对性的翻译。

2. 注重英文翻译的忠诚性与实用性

考虑到功能翻译理论的实用性，需要让译文与原文的大致意思符合，也就是要保证篇际与篇内是一致的，翻译的结果不仅要考虑原文的意思，而且还需要让原文的含义能够受益于实际场合的运用，要明确保证原始译文的语言文化和应用场合能够存在关联，不能脱节，否则造成语言文化上的偏差，要保障原文的作者和译文的使用者都能接受这一表达方式，不会曲解了原作者的内涵，也不会误导了使用者的思维，保持对两者的尊重。因为翻译是体现出两国不同文化和背景的语言交流，由于创作者和使用者各自的文化环境不同生活环境不同，所接收到的信息以及信息的利用程度也是不一致的，翻译人员在翻译文章的时候，一定要将这些因素考虑周全，不能完全脱离某一方的文化进行翻译，要对两国的文化进行深入的了解，这样才能把二者更好地结合到一起。任何翻译都不能忽视当地文化的特点，要懂得原有文化的表达特点，这样才能确保翻译的译文意思的准确性。不能损害创作者想表述的真实意思，不能强行植入个人的情感观点，这样会导致语言转换的合理性无法提现，并且对接受者而言，也存在不利的因素，容易对接受者带来误导[15]。

所以，在进行功能翻译时，要考虑到原文的含义，翻译后不能发生大的改变，将原文的有价值信息还原给接受者，语义要保持一致性。这就需要英文翻译者对英文的掌握力度很强，并且对原文有着深层次的理解，才能促进原文的译文有实用性意义。

3. 注重英文翻译的连贯性

功能翻译理论中的连贯性也是原则性的问题，连贯性原则指的就是在翻译文章的时候，要保证用到的词汇或者语句的表面含义和内在含义是一致的，并且要与原文表的意思相同，要确保翻译出来的译文意思明确，不会产生歧义，让读者能更好地理解，这也是对原文的作者一种尊重，将原文想表达的意思，发挥出来，让使用者能够在读懂原文含义的基础上，正确理解译文想表达的意思，二者的结合是能够有效的促进使用者的合理运用。译文的连贯性就显得十分重要，这能促进使用者的思维清晰，不会被翻译和原文搞糊涂。

（四）功能翻译理论视角下英汉互译分析

1. 从英语翻译的互动环节上进行分析

在翻译人员进行英语文本翻译的时候，需要结合功能翻译理论的最初建立和之后的每个发展环节进行参考，要注意将功能翻译理论的每一个发展环节结合接受者和原文作者的文化程度和背景进行恰当的转换，这都离不开翻译人员与接受者和原文作者的沟通和了解，从中获取到两者的思维观念以及文化背景。所以，翻译人员在进行文本翻译的时候首先就要对创作者的情感思路和表达方式进行深度的解读和分析，再结合接受者的文化水平以及对这个翻译译文的要求，进行转换和表述。

2. 从英语翻译技巧上的灵活变通进行分析

翻译人员不仅要对原文作者以及译文的接受者进行互动和沟通，通过对他们的了解，再整合原文进行分析，运用灵活变通的形势将文章内容翻译出来，这不仅需要考虑到原文的字面意思，还要依据字面意思所展出来的语言环境进

[15] 韩玮．功能翻译理论视角下英语翻译技巧 [J]. 湖北开放职业学院学报，2019，32（11）：180-181+190.

行分析，在翻译过程中，重点需要关注的就是翻译的目的性，而翻译人员的作用，就是在满足接受者的需求情况下，还能保障对原文作者的尊重，不破坏原文的结构和含义。考虑到这些因素，灵活的运用各种英文技巧和翻译方式进行变通与优化。

3. 从英语翻译技巧上的信息处理进行分析

功能翻译的理论下，翻译内容的目的性是十分重要的，翻译的时候，翻译人员不仅要对接受者和原文创作者的文化背景和生活环境进行深度的了解和综合分析，明确哪些因素能够运用，哪些因素应该留意规避，再从中运用英语技巧，使译文能够达到接受者的要求，翻译人员需要考虑到语言结构的完整，还要将自己设身处地地考虑译文需求者和原创作者的背景，再对原文的内容进行解析，这样翻译人员才能够收集到更多信息，避免出现错误，保障对原文的理解是准确的，这样才能让原文的翻译和译文保持一致性和统一性，协助翻译工作的成功。

4. 从英语翻译技巧上的目的论进行分析

目的论在功能翻译理论上起到的是理论作用，达到目的论的要求，需要翻译人员对翻译内容的连贯性和忠诚度把握得十分到位，才能促进翻译与翻译目的上的一致性，依据之前提到的那些原则，翻译人员可以使用各种形式的翻译方式来促进翻译的效果以及质量。翻译内容连贯性的特点就是，要保障翻译的文字能够将原文的意思对接起来，是一种承上启下，有节点并且能够理解的完整翻译，是促进翻译文本更加生动好理解的方式，这样的性质在语言文化和翻译交流中的作用都是很大的。而忠诚度的意思就是说，翻译人员在进行原文翻译创作的时候，一定要基于原文作者足够的尊重，这里的尊重是指对原文版权和实际意思的尊重，也就是在进行翻译的时候，不能将原文的大致意思给改变了，必须建立在原文的尊重和保护上进行，这样不仅是对翻译工作的谨慎，而且还是对原文创作者的尊重，更是对接受者的负责，保留原文的翻译特点再运用灵活的翻译技巧促使翻译文本更加生动便于理解，并且按照汉语语言的规范进行操作，不仅不会造成对译文接受者的误导，还能更直观地展示给译文接受者更全面的译文。

5. 在英文翻译技巧上的静态与动态进行分析

英语跟汉语的区别，不仅仅是在发音和结构上，还存在动静态的变化，英语给人的感觉通常是属于静态形势的，而汉语在感觉是偏向于动态的表达，形成这样的差异，是因为英语中对动词的表达词汇不多，所以人们在翻译译文的时候，一定要找到意思合适的准确的词汇，这样才能准确地表达整个句子的意思，而且英语的句子主要表达的是主体部分，因此翻译人员在翻译的时候，要抓住英语主干部分的内容，进行主要的解析，再结合句子中其他部分的理解和认知进行深层次的翻译。

6. 在英文翻译技巧下的整理译文技巧进行分析

译文的信息包含了原文的含义以及手法，并且还存在作者自身的手法以及接受者提出的一些需求，再结合原文的背景进行整理，翻译人员进行翻译的时候，不能只依据自身对原文的理解和判断，自行的将文章翻译出来，这样是不恰当并且不具备翻译意义的，也不允许只针对文章比较浅显的方面进行简短的语言转换，这样是不恰当的，不能将完整的意思体现出来的，需要翻译人员结合全文的意思，明确某一部分或者是某个区域的大致含义，进行解析并且发挥出作用，才能将文章较为重要的部分突出，翻译人员需要有丰富的词汇表达和情感的融入，才能促使功能的理论具有可实行的意义。并且，翻译人员还需要结合译文需求者的要求，对原文进行综合全面的分析，整理出需求者所需要突出的重点部分，进行着重的渲染，把原文的包含的情感和内涵整体保留，依旧译文需求者的生活环境以及习惯进行科学的整理和调整，再结合全文的对比整合，促使原文的情感表达更加丰富，且真实性更强，也让接受者能够更好地理解和运用。

不论是英文还是汉语，都是作为交流和沟通的表达方式，都是人与人之间建立联系的方式，过去的英语，总是将原文的大致意思照搬上去，缺乏灵活性和延展性，更加限制了英语翻译的进步和发展，也不利于译文需求者对译文的理解和运用，对创作者而言，也没有将其想要表明的观点和理论阐述明确，并没有重视思想方面的有效传递。但是，功能翻译理论的出现，改善了这一现象，不仅赋予了原文更深度的文字表达，还赋予了情感的交融和贯穿，促使原文的大致意思更加生动形象，也利于接受者的使用和阅读，也将原文创作者想表达的意思体现的十分明确。这是对英语翻译人员技术上的提升，能够促使翻译人员的协调能力以及灵活变通能力的进步，将传统的翻译模式优化整改，合理地将翻译空间的广阔性和自由性有效地延展开，并且还保障了原文的真实成分不被损坏。功能翻译理论的出现，为英语翻译的发展作出了巨大的贡献，也给翻译技巧带来了很多的可行性发展。

三、功能翻译理论在大学英语翻译教学的应用

在我国的英语翻译教学中，随着英语的社会地位不断提升，我国各大高校对英语教学的重视也不断增强，英语翻译作为英语运用中最直接的一种形式已经在国家贸易和外交中发挥了越来越重要的作用。但是当前在我国大学英语翻译的教学过程中，仍然存在对功能翻译理论应用不足的情况，翻译教学的功能性无法体现，就使得大学在培养实用性翻译人才的过程中存在一条无法逾越的鸿沟。功能翻译理论的应用，为我国大学英语翻译教学提供新的发展方向，使大学生英语翻译水平更上一层楼。

所谓翻译，是一门精致的语言艺术。这门艺术不仅是对另一种语言所表达内容的再现，更多的是将语言以一种具有功能价值的形式进行优美的体现。随着我国教育改革的不断加深，传统的大学英语翻译教学已经不能适应社会对英语翻译的需求，所以对大学英语学科的翻译教学进行创新和变革势在必行。

（一）优化现有教学模式

功能翻译理论认为，翻译本身是一种语言的不同功能的配合，在不同语境下由不同的语言表达形式和功能进行作用的发挥，在这一过程中，就需要重视语言与语境的关系。在教学过程中，就需要让学生意识到语境因素的重要意义。与此同时，也应该让学生清楚地知道。翻译工作是一种具有主观性的工作内容，所以会因为个人的用词风格差异导致结果的不同，但是从整体看来，翻译工作不能被当作是某一单词或者某一语句的固化，应该从整体性来进行段落甚至是全文的考量，不需要拘泥逐字逐句地进行翻译，而是要根据不同情况进行词句运用的筛选和调整，使翻译全文具有更高的参考价值。对于功能翻译理论来说，大学生需要掌握合理的翻译模式，将学生的英语知识水平与写作能力转化为翻译水平，在翻译的过程中加强对原味内容的理解和把握，明确原文的主旨内容和写作手法，从而采用更为切合原文翻译需求的翻译模式，让翻译水平在翻译的过程中达到质的飞跃。

（二）功能翻译理论下的高校英语翻译教学创新

在进行翻译的过程中，主要需要从结合语境、改变句式、运用修饰三个方向进行着手。从结合语境方面来看，英语和中文一样，是一种应用于表达的语言，这种语言也具有和中文一样的近义词，明确表达内容，根据不同的情绪和内容需求选取合理的表达词汇；从改变句式方面来看，由于英语包括许多语态，在语言表达逻辑方面与中文存在差异，这样就需要在进行翻译的过程中，明确

表达内容，将现有的句式修改为语言习惯上符合日常生活的句式，这种对原文翻译内容的修改更有助于读者的理解，从而让翻译过程具有功能性；从运用修改方面来看，翻译本身的基础是为了表达原文的内容，但是在表达原文的过程中如果采用的语言过于平淡，就会让读者丧失一部分的阅读兴趣，所以就需要在翻译过程中运用一定的修饰词将平凡的表达内容变得充满亮点，这种在不改变主旨表达内容基础上进行的修饰应用可以有效地提升翻译内容的水平。

由于功能翻译偏向于一种文化的交流，因此传统的翻译教学是不适应于现阶段的教学的。所以，在功能翻译理论下的高校英语教学的创新方案要从两个大方面入手。一是教学方案，二是实际操作。

1. 教学方案的创新

（1）重视语篇功能

克里斯蒂安・诺德的理论中，文本具有四项功能：指称功能、诉求功能、表情功能、寒暄功能。我们可以理解为，功能翻译理论是在不同语境下的不同语言表达形式，是多种功能之间的相互配合。因此，语篇功能和语境之间是密不可分的，所以无论采取何种翻译方式，其基础还是要基于原文的，且必要时要进行合理的修改以使翻译能够适用于上下文之中，达到最佳翻译方式。所以作为教师，在翻译教学的过程中也要重视语篇功能，并根据教学大纲来引导和督促学生的翻译学习，让学生意识到语境是翻译中必须要考虑的因素，因为即便是相同水平的翻译者，也会因为个人风格和用词习惯的差异导致翻译的结果不同，读者的感受也自然会产生差异。故而这一点也是教师要让学生意识到的。

（2）强调整体性

翻译工作绝不仅仅是拘泥于某一个单词或是某一句化，恰恰相反，翻译对于整体性的要求是非常高的。所以教学方案的创新上，强调翻译的整体性是至关重要的。在目前的教学体系下，对于翻译教学教师通常采用的是逐字逐句的翻译，然后将这些句子组合成一段话，以实现对于段落的翻译。不可否认，这种方式翻译出的结果是非常详细且具体的，但是却忽视了文章的结构是需要有整体性的。所以，这就说明翻译教学可以根据不同情况进行相应的筛选和调整，不必拘泥于逐字逐句，而是要注重整体性的翻译，使翻译全文能够具有参考价值。

（3）翻译模式的优化

在功能翻译理论下，高校英语翻译教学的另一项要点就是学生掌握合理的翻译模式，在方法上进行优化。现阶段，学生在英语课堂中可以学习到理论知识，并且也能具备一定的翻译能力，所以教师在这一环节需要做到的就是将学生的这种知识水平和写作能力转化为翻译水平，并根据学生的实际情况选择相应的翻译模式。例如要加强学生对于原文内容的理解，这样一来学生可以在翻译开始之前明白文章的含义和写作手法，以及具体语境等，从而在翻译时能采用最为合理的模式，使翻译水平在这一过程中实现质的飞跃。

2. 实际操作的创新

（1）结合语境

之前我们一再强调在翻译时要结合语境，那么如何结合语境进行翻译就是作为教师应该考虑到的问题。举个例子来说，英语虽然是一门外语，但是作为语言，和中文一样，在词语上也有很多近义词。而根据语境选择不同的词语，便能使翻译更具备合理性和贴合性。比如汉译英的学习中，翻译“我不喜欢这首歌”这句话时。简单的可以翻译为“I don’t like this song”。但是翻译是需要结合语境的，狭义上可以理解为要结合上下文，“不喜欢”到了哪种程度，讨厌、厌恶等，因此这个词还可以表达为 dislike，loathe，hate，despise 等，这也是根据情绪的程度可以替换的不同词语。

（2）句式改变

句式改变包括很多方面，主被动语态、从句等，目的在于使得整个翻译的内容更为通顺。所以在翻译的过程中，也要注意到句式的改变，使两种语言间的交流能更加通顺，也使得表达能更符合我们的日常语言习惯，便于理解。例如“It’s widely acknowledged that...”，字面翻译为“某某事物被普遍认为……”，这种翻译方式尽管是依据原文进行翻译，但是却给人一种非常拗口的感觉，而原因就在于语态和句式方面的翻译不合理。在不改变原句式的前提下，翻译为“人们普遍认为……”，无论是在句式上还是在语言习惯上都与日常生活相契合，所以巧妙的修改句式往往比直译要更为适合，因此教师在翻译教学的过程中也要充分注重句式的巧妙合理改变，使得翻译过程更具备功能性。

（3）巧用修饰

这一操作可以理解为修饰词和修饰语的巧妙运用。由于翻译原文一般是是对于一段具体事物或故事的描写，因此在翻译过程中，如何能让读者能在文字中感受到文章的内容，就是翻译需要考虑到的了。所以巧用修饰的作用便可以体现得非常明显。例如，“这种产品非常好”这句话翻译成英文，最简单和常见的翻译为“This product is good”，但是这种翻译在情感上显得非常平淡，读者在阅读的过程中体会不到产品究竟好在何处，是外观好、质量好还是受用面广泛。如果结合全文，将 good 换为 graceful（优雅的）或是（useful）实用的等，那么给人的感觉就完全不同了，而这种翻译往往也是充满亮点的，在不改变主体意思的基础上进行适当的修饰，可以使翻译水平得到巨大的提升。

综上所述，不难看出在功能理论下，翻译不仅仅是语言表达的变化，更是一种文化的交流和沟通过程。而作为高校的英语教师，也要充分认识到功能翻译理论的优势和重要性，并将这种理论运用于日常的教学当中，使传统的翻译教学能够有全面的改革和创新，让更多的高校学生能在翻译水平上取得进步，为培育更多优质的翻译人才作出更大的贡献。

综上所述，在功能翻译理论下翻译已经不仅仅是一种语言功能的表达，更多的时候已经是一种文化交流和沟通的过程，所以在大学英语翻译的教学过程中，需要把握功能翻译理论的优势性，将功能翻译理论应用到教学过程中，对现有的英语翻译教学模式进行创新，为国家培养更多优质的翻译人才。

第三节　关联理论基础下的英语翻译教学实践

翻译教学是外语教学中的重要组成部分，对于翻译教学方法的改进一直是教育工作者不断探索的方向，本文通过对关联翻译理论的特点进行探讨，说明关联翻译理论及其对学校翻译教学方式改进的启示与应用。

翻译在人类文化交流中有着很长的发展史，人们对翻译理论的研究也有相当长的时期，目的在于提高翻译质量，使翻译文章最大限度地反映出原文的意思。在我国翻译教学中往往比较重视翻译技巧的训练，意在将文章翻译出来不产生错误，但却忽视了对原文主题思想的探究。关联翻译理论强调翻译内容的准确性和翻译者的创造性，重在关注读者对翻译文章关联性的要求。

一、关联理论概述

（一）管理理论提出

关联理论是20世纪80年代提出的一种认知语用学理论，通过对语言的交际与理解，以认知的角度为出发点，对语言进行全新的解释。关联翻译理论是格特以认知心理学和关联理论为基础提出的，认为翻译是一个明示—推理的交际过程，说话者明示自身信息意图，听话者通过推理获得对方话语意图。在对语言进行认知的过程中，可以在思维中构建出一套语言所特有的联系，从而促进翻译有效性的提升。在关联理论中，注重对语言进行适当的分析与处理，并将原文所要表达的内容与思想进行真实、艺术的传递。

在大学英语翻译教学中，要使学生对一种新型的认知模式进行理解与掌握，对相应的教学提出了更高的要求。首先，关联理论视角下的英语翻译过程，是一个对其进行编码、进行转录、最后进行解码的整体过程；在进行翻译的过程中，要充分发挥译者自身所具有的认知能力与作用，使所翻译的内容更加优质。其次，在关联理论视角下的英语翻译，需要构建一种平衡的状态；因不同的语言，其所处的语境也是不同的；只有使两种语境可以达到一种相对平衡的状态，才可能使两者间存在的语言障碍得到有效的克服，进而使翻译的效果更为优质。

（二）关联翻译理论思想

翻译在人类文化交流的过程中具有重要的作用，各个国家、各个民族之间有着不同的语言和文字，那么在文化交流中，就需要将其他民族的书籍翻译成本民族的文字，以便各民族间的文化交流。关联翻译理论是把翻译看作一种从认知到推理的活动过程，这一过程包含以下两个理解层面。

①原文的作者向译者表明自己的写作意图，译者根据原文作者在文章中提供的信息，进行逻辑思考，以自己掌握的综合知识，以读者的角度进行认知获得最佳关联。

②译者以信息传达者的身份通过译文中内容，向译文读者传递原文作者所要表达的主旨思想和知识特点，这一过程需要译者在理解原文的基础上，根据原文提供的信息，经过逻辑思考，与自己头脑中的知识相连接，通过推理获得知识关联。最佳关联性是在关联翻译理论中所要达到的目标，译文中所表达的内容和意思要与阅读者有足够的关联性，使译文与读者之间能够产生共鸣。

在关联翻译理论下的翻译不仅仅是语言间的相互转换，更是一种结合了语境进行动态推理的过程，这其中涉及作者、翻译人员和读者之间的语言文化的交流活动。在翻译中使译文达到最佳的语境效果，在译文与读者之间达到最佳关联性是实现翻译成功的决定因素。如英语：“Don’t cough more than you can help”在翻译中，如果不考虑读者对语句的理解和期待就直接进行翻译：“不要咳出多于你不能咳的”，这样的译文不仅绕口，意思更不明确，让人费解。而如果运用关联翻译理论思想的指导，有经验的译者就会翻译为：“能不咳，就不咳。”这样的翻译既尊重原文意思，又照顾了汉语的语言习惯，使人一目了然。关联翻译理论的翻译理念就在于追求原文和目的语的最佳关联性，实现原文作者与读者之间的有效沟通，以人性化的理念为原文作者与读者之间建立沟通的桥梁。

二、关联翻译理论的翻译教学价值

根据关联翻译理论的要求，对原文的理解是译者要进行的第一步，这是因为只有在充分理解原文所要表达的思想情感的基础上才能推测出作者的写作意图。基于这样的观点，在教学过程中，翻译教师不可以简单地局限于应用某一技巧对原文的句子、单词以及特殊句式进行翻译，更要注重对文章的分析理解，特别要注重对两种语言习惯的分析比较，帮助学生对翻译原文的语义进行理解，明确作者的写作意图[16]。老师在发挥课堂上主导作用的同时，还要注意发动学生学习积极性，改变传统的“灌输式”的教学模式，要加强对学生独立思考能力的培养。翻译涉及的学科很多，范围很广，内容纷繁复杂，文体多种多样，这对翻译教师的教学活动提出了更高的要求。在授课过程中，不仅要讲授教材内容，而且还要拓宽教学面，指导学生多学习其他学科的知识，注重自身语言能力和文化修养的提升。在翻译过程中，要以原文的内容中包含的逻辑信息、词汇信息和原文所处的文化背景去理解文意，结合自己的知识储备和语言文化修养取得与原文的最佳关联。

翻译不仅需要理论学习还需要有足够实践，优秀的翻译作品都是建立在翻译者在实践中不断摸索和实践锻炼的基础上才完成的。在传统的翻译训练中大多是翻译一些文学作品或课本中的巩固性练习题，答案也是固定的，老师成为学生翻译成果的唯一评判人。就关联翻译理论来看，这种教学模式势必影响学生的应变能力和创造性的发挥，即使掌握了翻译的技能，但在实际翻译工作中也会难以应对复杂的翻译材料。为了克服这种教学模式的缺陷，切实提高学生的翻译能力，在教学中应该拓展眼界，把一些经济、军事、政治、法律和贸易等社会各方面的材料都作为翻译对象，学生可以充分发挥自己的主观能动性，根据自己的理解，进行翻译，学生之间也可以针对翻译原文进行讨论，交流翻译思路，教师对学生的意见要给予尊重，在给出自己译文的同时与学生讨论，欢迎学生提出自己的想法。

翻译的发展是一个永不停息的过程，关联翻译理论强调，在翻译教学中，教师应注重培养学生对原文的理解能力，实现原文的主旨思想与读者的理解和期待之间产生最大关联，克服以往注重翻译技巧的教学和针对教授技巧的僵化训练。在教学中要注意培养学生的主观能动性和创造性，提高学生的翻译能力。

---

［16］ 程佳佳．关联理论翻译观与翻译教学［J］．长春师范大学学报，2015，34（03）：186-187.

（一）使学生对自身译者的身份进行明确的认知

关联理论视角下的英语翻译过程，对原作者、译者、翻译读者三者间的动态联系，并相互进行影响。在三者之中，译者具有双重的身份，它不仅是原文信息的接收者，同时也是翻译信息的传递者。关联理论可以使译者对自身有了更加明确与充分的认知，使其可以进一步充分发挥自身的能动性，并可以与原作者、与翻译读者之间进行有效的衔接。译者需要在原作者的表达基础上，对翻译内容进行关联与推理，在原作者所构建的语境环境中，理解其所要表达叙述的内容，之后根据翻译读者的需求与原文所表达的内容，对译文进行相应的取舍。

因此，译者对自身的认知和语言能力，对翻译文章的质量起到最为直接的影响。在进行翻译教学时，其教学目标是对学生的翻译整体能力进行有效的培养；因此，在关联理论的应用下，教师需要引导学生对自身的译者身份进行明确的认知，使学生在翻译的过程中最大限度地发挥其能动的作用。

（二）引导学生对所翻译内容所处的语境进行分析

翻译的是否成功，取决于原作者和读者在认知、语境等方面的相似程度。在关联理论当中，翻译是对语境进行认知的一个过程，而这里的语境是一个不断变化的心理构建过程，它是语言运用的前提。语境，是一个涉及层面较广的情境；译者在对其进行认知时所采用的参照物，要以翻译读者的认知语境为主，并不断对自身认知的语境进行改进，减少语言、文化等方面的差异对翻译可能会起到的制约作用。在关联理论角度下的英语翻译教学中，教师可以引导学生对所处的语境进行深入、具体、全面的分析，帮助学生拓宽思路，使译文的完整性得到有效的保障。

三、关联理论视角下翻译教学策略

（一）突出学生在大学英语翻译教学中的主体地位

在进行翻译教学的过程中，根据关联理论的相关内容，译者需要在翻译的过程中，肩负起推理的责任；即需要在原作者的语言中对其所要传递、表达的真实意图进行判断、理解，并将其完整、准确地向翻译读者进行传递与表达。在进行教学时，教师要引导学生对原文进行整体、深入的理解，了解上下文所要传达的信息，注重对语言的分析，并对两种语言进行有效的对比。教师在对教学过程进行设计时，应对学生所扮演的角色、对语言的创造能力、如何高效地利用手中的教学资源提高学生的翻译能力进行重点的设计与安排；在教学中，突出学生在翻译中所具有的主体地位，调动学生对翻译的积极性，使学生可以精确地对原文的信息进行把握与理解，体会原文所处的认知环境，并选择恰当的词汇与用语。

比如在“When they make music or create painting，their aim is to work through difficult emotions and restore a state of contentment and calm.”中，“and”具有多种用法与含义，因此在进行翻译时，需要根据所处的语境选择词义。本句中，“work through difficult emotions”是“and”部分的前因，因此“and”的翻译可以有两种选择，一是翻译为“以恢复”，二是对其进行省略。所以，学生在进行翻译时，要主动对语境进行分析，并选择恰当的词义进行翻译。此句的翻译大意如下：“在他们对音乐或是绘画进行创作时，他们想要利用这一过程，使自身的状态得以恢复满足与平静”。

（二）引导学生对英语的相关历史、文化进行关注与理解

对于文化而言，语言是其重要的载体之一；语言因其所处的文化、历史背景不同，必然会存在一定的差异。因此在进行翻译时，需要注重不同文化的转化过程，如果忽略历史、文化等背景因素，则会造成译者对原文理解的偏差，进而影响翻译的效果。

比如，在对“take a French leave”进行翻译时，如果学生了解地域文化相关的知识，即使不知道这句常用谚语的意思，也可以推理出其大致含义。

再比如，“jam tomorrow”，这一搭配出自《爱丽丝漫游奇遇记》，直译为“明日有果酱”，教师可引导学生思考：这个短语是否与中国的“明日复明日”有着异曲同工之妙；对于一些英语习惯性用法，学生可能因其对出处或是典故不了解而造成翻译上的偏差，进而影响对原文的理解和翻译的效果。因此，进行翻译教学时，教师应有效的利用关联理论，对学生进行西方历史文化方面的讲解，使学生可以更加精准地对原文进行理解与翻译。

关联理论是一种极其重要、有效的翻译理论与方法。它为译者搭建了一个全新的理论结构。在关联理论视角下的大学英语翻译教学，应注重对语境的分析，进而使翻译更加的精准。关联理论，可以有效地引导学生在进行翻译学习时，注重相关的认知过程，注重将文化与原文所表达的主题进行有效的结合，缩小文化差异，使本科英语的翻译教学效果得到显著的提升。

（三）引导学生了解原文的真正交际目的课堂教学

教师应该留意翻译课堂教学的训练设计，锻炼学生独立实现两种语言之间的信息变换的邓丽。毕竟源语言和目的语往往在实际运用时存在一定的表达使用差异，导致两种语言在信息转换期间，学生会不自觉地受影响，导致对于原文作者的“明示”常常出现过度推理或者推理不足的情况，最终就会造成译文信息与原文信息转换的不对等情况。

因此，教师在翻译课堂的教学中，需要灵活运用翻译策略和实践应用结合的教学模式来指导学生，借此培养学生能够通过高效的推理能力获得“最佳关联”的能力，这样才能使原文作者和译者的表达意图达到最好的契合，而原文和译文也能够达到最好的契合。例如：原文是 She was born with a silver spoon in her mouth；she thinks can do what she likes. 在受原文和译文信息差异不对等的因素影响之下，学生常常都会直接联想到“她出生的时候嘴里有银勺子”“她喜欢做什么就做什么”，而后，根据这种关联判断作者真实表达目的。但是根据前后句的关系，从意译的角度看，这个句子实质表达意图其实是想表达孩子娇生惯养，才能实现最佳关联。因此，正确的译文参考应该是：她生长在富贵之家，认为凡事都可以随心所欲。

（四）帮助学生准确运用翻译技巧和执行翻译策略

寻求运用翻译策略和翻译技巧的最优解是大学英语的翻译课堂的重点授课内容。受语言的文化背景差异影响，不同语言体系存在巨大的差异。因此，我们也可以认为，翻译的过程实质是不同语言体系的文化信息转换过程，在翻译的过程中如果忽略了不同国度的文化差异，那么翻译的意境、语境就会存在较大的差异。

例如，在翻译“亚洲四小龙”时，受东西方国度的认知语境差异，在中国，龙代表着伟大、强大，而在西方国家，受基督教的文化影响，“dragon”却代表邪恶。所以，学生需要提高这种语言文化的敏感度和认知语境的差异意识，找出不同语言下所代表含义的词语，再进行信息转换，将“龙”翻译成动物之王“tiger”，可以翻译成“four small tigers of Asia”。

（五）强化学生作为译者的主体意识，激发学生的内部动机和翻译兴趣

根据关联理论，在课堂翻译的教学中，身为译者，学生需要有意识地承担起翻译中推理者的责任，需要有意识地根据作者的语言来对作者所表达的真实

意图进行推理判断，而后通过译者的信息转换传达给作者。另外，老师也需要帮助学生通过结合上下文的理解和作者的表达意图，注重两种语言间的差异对比和语言分析。

所以，教师在设计翻译课堂教学时，需要注重培养学生的译者意识、创造能力、表达能力，也要考虑到如何将教学资源的利用率提高到最大化。学生在阅读理解原文时，他是文本的读者更是译者，他的最终目的是通过推理阅读来判断原文作者的真实表达意图，所以需要做到尽量准确地消化原文的信息，更要理解文本的原始认知环境，结合读者的阅读预期，选出最适合的词语进行信息转换。例如：There is a mixture of the tiger and the ape in the character of the imperialists. 假如学生直接将原句信息翻译成“帝国主义者由老虎和猿混合而成”，那读者则无法理解句子意思了。

所以，教师需要充分准备有关的知识背景，帮助学生在翻译时进行适当的补充，引导学生往更开阔的思维视野进行推断。帝国主义对待人民群众是冷酷的、无情的，也是残暴的，这里应该将“tiger”与“ape”两个名词延伸出对应的动物特性，结合帝国主义的特性，进行认知语境的转化，找出更符合语境的词语“残暴”“狡猾”等。所以正确的译文应该是“帝国主义者是既狡猾又无情残暴的”。

大学英语的翻译课堂，老师应该需要注意帮助学生掌握语言翻译转换的规律，让学生能够善用翻译理论应用到实际翻译课题中去，更需要有提高学生翻译语感和技巧的教学意识。

第四节　情景认知理论基础下的英语翻译教学实践

一、情景认知理论的翻译教学价值

（一）改变传统教学模式

在传统的教学模式中，教师更注重的是在课堂上传授理论知识，不注重实践情景教学的方式，学生的学习效果不是很好。随着教学方式的改进，教师更加重视情景教育的方式，情景认知理论在高校英语翻译教学中应用频率越来越高，这也在很大程度上改变了传统的教学模式。教师给学生传递知识的方式也越来越丰富，很大地提高了教学效率。教师想要运用好情景认知理论，就必须要充分了解情景认知理论知识，并根据这些知识制定相关的实践课程，运用理论和实践相结合的教学方式，使英语翻译教学收到更好的效果。

（二）革新英语翻译人才的培养模式

英语翻译涉及很多行业，比如旅游、商务、法律等情景。不同的情景、不同的行业，翻译人员用到的英语不同。高校英语翻译教学要根据行业的不同，设置不同的情景，比如说如果学生主攻的是旅游英语专业，那么以后学生毕业后就要从事旅游相关的工作，在教学过程中，教师要教授学生更多关于旅游的词汇和相关句型，并设置旅游相关的情景，让学生在情景中运用学习到的知识，将学习到的知识得到更好的巩固。情景认识理论在英语翻译教学中的应用，也彻底改变了英语翻译人才的培养模式。

（三）丰富教学内容

情景认知理论在高校英语翻译教学中的应用不仅丰富了教学方式，而且也丰富了教学内容。传统的教学内容只是局限于课本上的理论知识，但是在加入运用情景认知理论的新教学方式下，翻译教学内容会从生活中的各种情景进行延伸，保证理论和实践更好地结合在一起，收到的学习效果才会更好。

二、基于情景认知理论的高校英语翻译教学策略

（一）激发学习兴趣，灵活教学方式

英语翻译这项工作本身是十分枯燥的，如果学习方法又很传统，不仅降低学习的兴趣，也会影响学习的效果。情景认知理论下的高校英语翻译教学，改变了传统的教学方式，虽然二者学习的主要场所都是在课堂，但是在情景教学的环境下，很大地激发了学生的学习兴趣，提高了教学质量。英语翻译教学注重技巧的讲解，掌握了翻译技巧，还需要在实践中多加练习，这样学习的知识才能得到巩固，学以致用。情景认识理论下的高校英语翻译教学十分重视情景的运用，不仅可以改变传统的枯燥的授课方式，还可以激发学生的兴趣，让学生更愿意学习，而且也丰富了教学方式[17]。

---

[17] 罗燕．基于情景认知理论的高校英语翻译教学探讨［J］．海外英语，2019（10）：155-156.

（二）不断完善自我，发展创新思维

在日常教学过程中，教师要定期地进行教学总结，发现问题，找出解决的办法。尤其在情景认知理论下的高校应英语翻译教学过程中，对教师提出了更高的要求，要求教师不仅要重视课堂上对学生的教学水平，也要不断提高自身的知识水平和教学水平。

在情景认知理论的应用下，教师会根据教学内容进行相应的情景设置，一方面为使情景设置更合理和科学，可以激发更多学生的学习兴趣，要求教师具有很高的教学水平；另一方面，在运用情景进行教学时，可能会遇到很多意想不到的情况，这也要求教师有更快的应变能力和更高的教学水平。

关于创新思维，主要有以下两个方面，一是学习方法的创新，教师之间应该多进行沟通，学习别人好的方法，形成自己适合自己的创新方法；二是教学方法的创新，教师应该在教学过程中，不断地摸索出新的方法，不能一成不变，要保证课堂的新鲜感，这样学生在学习过程中也会更有兴趣。

（三）加强师生交流，提升教学效果

在情景认知理论下的高校翻译教学，要求教学的环境具有一定的情景，在情景中进行教学，不确定因素很多，老师和学生需要进行很多面对面的交流。在教学过程中，老师首先根据自己的授课要点，对学生进行提问，然后给学生布置翻译任务，让学生根据问题去思考翻译的要点。另一方面，很多老师在授课时采用全英教学环境，不仅为学生提供了一个英语的学习环境，而且用英文交流也能锻炼学生的听力和理解能力。所以加强师生交流，提升教学效果是新时代高校英语翻译教学在情景认知理论中的策略之一。

综上所述，随着时代的发展，基于情景认知理论的英语翻译教学是十分重要的教学方式，这种教学方式是对传统英语翻译教学方式的创新和改进，能激发学生的学习乐趣，学生在愉快的环境下进行学习，收到的学习效果会更好。基于情景认知理论的英语翻译教学，与传统教学方式最大的不同是，它很重视情景的设置，在情景教学中，教师和学生可以进行更多的互动，这样对学习会有很大的帮助，学生可以在情景教学中将学到的知识得到运用和巩固。

参考文献

[1] 常红梅 . 高职高专实用英语写作 [M]. 北京：国防工业出版社，2008.

[2] 陈明远 . 透视名人的心理奥秘 [M]. 北京：中央编译出版社，2013.

[3] 鲁萍 . 英语教学与翻译研究 [M]. 北京：光明日报出版社，2016.

[4] 赵义森，李广荣，常爱民 . 英语教学与翻译研究 [M]. 北京：光明日报出版社，2016.

[5] 陈莉 . 英语教学与互联网技术 [M]. 北京：光明日报出版社，2016.

[6] 饶晓丽 . 英语教学与文化交流 [M]. 长春：吉林大学出版社，2016.

[7] 夏鹏铮 . 英语教学语言艺术 [M]. 长春：吉林大学出版社，2016.

[8] 吴元霞 . 英语教学与文化融合 [M]. 北京：光明日报出版社，2016.

[9] 闫冰 . 听、说、读、写、译：基于提高综合应用能力的大学英语教学研究 [M]. 成都：电子科技大学出版社，2016.

[10] 李红霞 . 大学英语教学研究 [M]. 天津：天津科学技术出版社，2017.

[11] 杨阳 . 英语理论与英语教学 [M]. 成都：电子科技大学出版社，2017.

[12] 王凡，楚红燕 . 英语教学与翻译技巧研究 [M]. 长春：吉林大学出版社，2017.

[13] 王京生 . 文化+：文化产业发展的战略选择 [M]. 深圳：海天出版社，2017.

[14] 曹凯，秦红娟，周红英 . 英语教学艺术与思维创新研究 [M]. 长春：吉林美术出版社，2017.

[15] 陈定刚 . 多维视角下英语翻译探索 [M]. 北京：中国纺织出版社，2017.

[16] 丁丽红，韩强 . 当代大学英语教学的认知研究 [M]. 北京：中国书籍出版社，2017.

[17] 肖婷 . 多元文化与英语教学 [M]. 天津：天津科学技术出版社，2017.

[18] 闫洪勇 . 大学英语教学与教师专业发展研究 [M]. 西安：西安交通大学出版社，2017.

[19] 方燕芳 . 英语思维与英语教学 [M]. 成都：电子科技大学出版社，2017.
[20] 杜璇 . 文学素养与大学英语教学 [M]. 长春：吉林美术出版社，2017.
[21] 康春杰，陈萌，吕春敏 . 基于错误分析理论的英语翻译教学研究 [M]. 长春：吉林文史出版社，2017.
[22] 崇斌，田忠山 . 新时期大学英语教学研究 [M]. 成都：电子科技大学出版社，2017.
[23] 曹倩瑜 . 英语教学理论与教学法 [M]. 西安：西安交通大学出版社，2017.
[24] 贺华 . 英语理论与英语教学研究 [M]. 成都：电子科技大学出版社，2017.
[25] 张敏，王大平，杨桂秋 . 英语教学改革与创新研究 [M]. 北京：九州出版社，2017.
[26] 朱雪艳 . 文化意识与英语教学 [M]. 上海：上海交通大学出版社，2017.
[27] 梁思华 . 英语教学与信息技术深度融合 [M]. 北京：科学技术文献出版社，2018.
[28] 李荣华，郭锋，高亚妮 . 当代英语教学理论发展与实践研究 [M]. 上海：上海交通大学出版社，2018.
[29] 史传龙 . 翻译能力培养下翻译教学模式创新研究 [M]. 石家庄：河北人民出版社，2018.
[30] 孙宝凤 . 英语翻译多维视角探究 [M]. 北京：九州出版社，2018.
[31] 杨海芳，赵金晶 . 多元文化与当代英语教学 [M]. 天津：天津科学技术出版社，2018.
[32] 张艳玲 . 英语教学的理论、模式和方法 [M]. 青岛：中国海洋大学出版社，2018.
[33] 唐俊红 . 互联网＋英语教学 [M]. 北京：新华出版社，2018.
[34] 吴文亮 . 信息化时代高校英语教学理论的解构与重塑 [M]. 长春：吉林大学出版社，2018.
[35] 王淑花等 . 大学英语教学模式改革与发展研究 [M]. 北京：知识产权出版社，2018.
[36] 薛燕 . 基于教学改革的大学英语教学实践 [M]. 延吉：延边大学出版社，2018.
[37] 黄儒 . 大学英语教学模式研究 [M]. 哈尔滨：黑龙江教育出版社，2018.
[38] 李静纯 . 英语教学的艺术探究 [M]. 南宁：广西教育出版社，2018.
[39] 张铭 . 当代大学英语教学理论与研究 [M]. 北京：九州出版社，2018.